10초만에
이기는
보고서

SEKAI NO TOP O 10BYO DE NATTOKU SASERU SHIRYO NO HOUSOKU
by Takenobu Miki

Copyright © 2015 Takenobu Miki
All rights reserved.
No part of this book may be used or reproduced in any manner
whatsoever without written permission except in the case of brief quotations
embodied in critical articles and reviews.
Originally published in Japan by TOYO KEIZAI INC.
Korean translation copyright © 2016 by Dasan Books Co., Ltd.
Korean edition published by arrangement with TOYO KEIZAI INC.
through BC Agency.

이 책의 한국어 판 저작권은 BC에이전시를 통한 저작권자와의 독점 계약으로 다산북스에 있습니다.
저작권법에 의해 한국 내에서 보호를 받는 저작물이므로 무단전재와 복제를 금합니다.

들어가며

특명! 3일 안에
비즈니스 키워드 1만 개를 찾아라

내가 소프트뱅크(Softbank)에 입사한 건 1998년 25세 때였다. 당시 나는 손정의 사장의 비서로 발탁되어 그가 가는 곳이라면 어디든 따라다녔다. 그것이 내 주된 역할이었지만, 사실 입사 후 처음 주어진 일은 단순한 비서 업무를 넘어서는 것이었다.

"비즈니스에 대한 키워드 1만 개를 찾아라!"

이것이 손정의 사장에게 받은 첫 미션이었다.

이때 1만 개라는 숫자 자체도 굉장했지만 더 놀라운 건 내게 주어진 시간이었다. 허락된 시간은 불과 3일. 단순 계산으로도 하루 3333개에 달하는 키워드를 찾아야 했다. 불과 72시간 내에 비즈니스와 관련된 키워드를 1만 개나 찾아야 하는 상황이었다. 이것이 소프트뱅크에 입사한 뒤 내게 닥친 첫 시련이었다.

하지만 1만 개나 되는 키워드를, 그것도 이제 막 사회인이 되었다 해도 무방할 25세 직원이 쉽게 찾아낼 리 만무했다. 입사 후 첫 미션이었기에 남다른 책임감으로 임했지만, 예상해보았을 때 가능한 건 기껏해야 500개 정도였다. 그 정도가 거의 한계였다.

'큰일 났다. 이러다가는 10%도 못 채울 텐데…….'

나는 마치 머릿속이 텅빈 것처럼 아무 생각이 나지 않았다. 첫 임무를 제대로 수행하지 못하면 '아무짝에도 쓸모없는 놈'이라는 낙인이 찍힐 게 뻔했지만, 정작 내가 할 수 있는 건 별로 없었다. 밤늦게까지 정리 작업을 해보았지만 생각대로 나아가지 않았다. 어느새 나는 속으로 자포자기하는 심정마저 갖게 되었다.

성패는 '구조화'에 달렸다

이런 위기상황을 어떻게 극복했을까? 걱정 때문에 식은땀까지 흘리며 괴로워하던 나는 벼랑 끝에 몰린 심정으로 한 가지 결론을 내렸다.

'지금처럼 그냥 생각나는 대로 쓰다가는 이도 저도 안 된다.'

3일 안에 1만 개의 키워드를 추출해내기란 쉽지 않다. 1만 개를 찾으라는 건 곧 '경영사전을 만들라'는 지시나 다름없다. 이는 내 머릿속 지식을 모두 나열한다 해도 도저히 불가능한 일이었다.

'어떡하지…….'

시간은 무심히도 계속 흘렀다. 그렇게 고심에 고심을 거듭하던 끝에 나는 한 가지 사실을 깨달았다. 내게 필요한 게 바로 '구조화(Structuralization)'라는 사실이었다.

이에 따라 나는 우선 경영에 관한 10가지 대항목(大項目)부터 찾아 나섰다. '경영전략' '재무' '경리' '조직' 등의 거시적인 테마였다. 그리고 그 10개의 대항목마다 다시 10개씩 중항목(中項目)을 설정했다. 이로써 10×10=100. 이렇게 100개의 키워드를 도출할 수 있었다.

이후 각 중항목 아래에 100개씩 키워드를 적어 넣었다. 10×10×100=10000. 미션 완료! 이리하여 나는 3일 만에 비즈니스 키워드 1만 개를 추출하고 정리해 손정의 사장에게 제출할 수 있었다.

막상 내가 과제를 제출하자 손정의 사장은 적잖이 놀란 눈치였다. 그는 일단 죽 한 번 훑어보더니 내가 작성한 1만 개의 키워드를 그대로 출력했다. 그러고 나서 수십 페이지에 달하는 이 보고서를 항시 갖고 다녔다. 그는 이 보고서로 경영에 관련한 요소들을 수시로 체크해가며 업무의 우선순위를 매겼다.

소프트뱅크의 강점은 '평소에도 이 같은 세세한 업무 체크를 통해 일한다'는 것이다. 이는 지극히 당연하지만 막상 지키기가 어려운 법이다. 나는 소프트뱅크에서 일하며 보고서 작성에 필요한 비법, 혹은 노하우 같은 것들을 익힐 수 있었다.

숫자 감각을 익혀라

무사히 미션을 수행해서 안심했지만 현실은 그렇게 만만하지 않았다. 첫 미션을 가까스로 완수한 나에게 잇달아 시련이 닥쳤다. 특히 손정의 사장은 보고서 작성에 대한 관심이 지대했기 때문에 보좌진들은 항시 신경을 곤두세워야 했다.

'바른 숫자를 보면 바른 판단을 내릴 수 있다.'

바로 이것이 손정의 사장의 기본 발상이었다. 이는 '바른 숫자, 그리고 그 뒷받침이 될 만한 적절한 보고서가 문제 해결에 필수적'이라는 생각에 따른 것이다.

소프트뱅크 사원들은 항시 예측치를 상정한 뒤에 세부적인 숫자를 파악하도록 교육받았다. 특히 대표 비서실장에 대한 요구 수준은 상당히 높아, 일말의 양해나 대충 넘어가주는 것은 아예 상상조차 할 수 없었다. 지나고 보니 그런 어려움을 잘 견디고 이겨냈던 나 자신을 칭찬해주고 싶을 정도다.

예를 들어 거래처와 상담한 결과를 윗선에 보고한다고 치자. 단지 '상황이 이러이러해서 이렇게 되었다'는 보고만으로는 불충분하다. 또는 '검토하겠다'로 마무리한 채, 뒤이어 어떻게 할지 구체적인 지침이 없는 사내 품의도 논외(論外)다. 이런 방식으로는 손정의 사장에게 따끔한 지적을 받기 일쑤였고, 나아가 언젠가는 쥐도 새도 모르게 자리가 사라질지 모를 일이었다.

이런 손정의 사장의 방식에는 여타 회사에서 흔히 볼 수 있는 '짬밥(일종의 경험치)'도 별 의미가 없었다. 조금이라도 막연한 부분이 있으면 지위의 고하를 막론하고 가차 없이 지적받았다. 그런데 지적받은 당사자로서 내가 놀랐던 건 '지적받은 부분이 대개 내가 어물쩍거리거나 애매하다고 느껴서 얼버무렸던 부분'이라는 사실이다. 손정의 사장에게 '어물쩍거리거나 애매모호한' 행위는 아예 통용되지 않았다. 매출 보고서와 기획서, 나아가 프레젠테이션에서도 애매한 정의나 단위, 해석은 일체 용인되지 않았다.

또 아무리 중요한 보고서라도 보았을 때 한눈에 이해할 수 없다면 손정의 사장에게는 일고의 가치가 없었다. '혹시나' 하는 생각에 제출해보아도 바로 지적받고 반려되었다. 돌이켜보면 지금도 얼굴이 화끈거릴 만큼 부끄럽다. 아무리 여러모로 부족한 말단사원이었다 해도, 부족한 자료로 어영부영 넘어가려 했다는 사실에 그저 낯이 뜨거울 뿐이다.

당시 손정의 사장은 분초를 다투는 스케줄에 쫓겼기 때문에 보고서를 차분히 들여다볼 여유조차 없었다. 그런 그에게 제출하는 ==보고서는 보자마자 무조건 '전하고 싶은 내용을, 바로 알 수 있도록' 만들어야 했다. 보고서를 읽는 데 걸리는 시간은 불과 10초! 딱 보고 내용을 파악할 수 있는지, 본질을 파악할 수 있는지, 그 승부는 단 10초 만에 갈린다.==

이는 결코 대기업의 간부들에게만 통용되는 이야기가 아니다.

누구든 다양한 형태로 보고서 작성법을 단련한다. 손정의 사장의 경우는 '숫자를 보는 힘을 기르고, 짧은 시간에 상대를 납득시킬 수 있는 보고서 작성 및 프레젠테이션 기술을 익히라'고 주문한다. 그래서 소프트뱅크의 임직원들은 당연한 듯이 '소프트뱅크식 보고서 작성법'을 익혀 일상 업무에 활용한다. 나 역시 그랬다. 나도 모르는 사이에 손정의 사장 아래에서 배운 보고서 작성의 노하우가 피가 되고 살이 되었다. 나중에는 변화된 모습에 나조차도 깜짝 놀랐을 정도다.

보고서 작성에 대한 기본적인 생각을 몸에 익히고 비법을 배워야 한다. 현황을 보여주는 숫자를 냉정하게 파악해 데이터상의 문제점을 찾아내며 보고서를 작성한다. 그리고 가설을 세워 검증하고 그 결과를 다음 단계, 혹은 다음 프로젝트에서 살린다. 소프트뱅크가 가진 강점의 원천이 바로 여기에 있다.

어떤 회사, 어떤 사람이든 응용할 수 있다

이 책에는 손정의 사장의 과제에 대응하기 위해 내가 고안했거나, 손정의 사장에게 직접 배워 익힌 보고서 작성법을 정리했다. 입사 당시 나는 25세로 매우 젊었고 소프트뱅크도 지금처럼 대기업이 아니었다. 따라서 이 보고서 작성법은 누구든, 또 어떤 회사든 활용할 수 있다. 나는 이 방식이 '매우 응용 범위가 넓은 보고서 작성법'이라고 자신 있게 말할 수 있다.

이는 곧 '보고서 작성법이 크게 어렵지 않다'는 사실 또한 반증한다. 회사의 규모나 역사, 업종, 업태를 불문하며 나아가 연령, 커리어도 관계없다.

사실 처음 입사했을 때에는 손정의 사장의 마음에 들지 못했다. 그랬던 나도 보고서 작성법을 마스터한 뒤, 다양한 케이스에 응용해 성과를 올릴 수 있었다. 예를 들어 인터넷 광고대행사인 '애드웨이즈(ADWays)'는 이 방식을 조직 전체에 배양시킨 결과, 부진하던 실적이 회복되고 적자를 탈피할 수 있었다. 조금씩 오르던 주가도 어느새 10배 규모까지 커졌다.

이는 비단 민간회사만의 이야기가 아니다.

내가 현재 비상근 이사직을 맡고 있는 일본연금기구(日本年金機構)도 상담창구 대기시간이나 콜센터 응답률이 대폭 개선되었다. 옛 사회보험청이 옷을 갈아입은 일본연금기구는 상담 응답률이 유독 낮은 것으로 악평이 자자했다. 한때 이 문제는 심각한 사회문제로 부각될 정도였지만, 문제점을 확연히 드러내는 보고서를 작성하면서 개선점이 한층 더 명확해졌다.

그 결과 응답률이 상당 부분 개선되었다. 지금은 '상담창구에 아무리 전화해도 받지 않는다'는 민원이나 불만이 거의 없다. 이 또

한 '소프트뱅크식 보고서 작성법'이 가져다준 성과다.

이렇게 '소프트뱅크식 보고서 작성법'을 도입하고, 이를 적절하게 활용하면 문제점이 보다 뚜렷하게 판명된다. 이로써 다음 단계에 무엇을 해야 할지도 더욱 명확해진다. 그 사실을 알고 나면 이미 게임은 끝난 것이나 다름없다. 실적은 당연히, 그리고 확실히 오른다. 즉 어떤 회사든 소프트뱅크처럼 될 수 있다. 실적이 비약적으로 오르면 회사는 어느새 성장기로 접어든다. 그건 곧 막연한 기대가 아니라 충분히 실현 가능한 미래상이기도 하다.

좋은 견본, 나쁜 견본

이 책에서는 총 10가지 종류의 보고서를 예로 들었다. 업무처리 보고서부터 매출 보고서, 회의의사록, 기획서에 이르기까지 일상적으로 작성 빈도가 높거나 작성 노하우를 알아두면 유용한 보고서들을 중심으로 다뤘다.

그리고 대부분의 케이스에서 나쁜 견본(見本)과 그 문제점을 든 다음, 이를 해결할 방법으로 소프트뱅크식 보고서의 견본을 하나씩 소개했다. 그냥 죽 읽는 것만으로도 '나쁜 견본이란 본질을 부각시키지 못하고, 내용이나 정의가 애매한 보고서'라는 점을 쉽게 알 수 있다. 이런 보고서들은 얻을 게 거의 없는, 백해무익한 보고서나 마찬가지다. 문제점을 감추고, 나아가 문제 해결 자체를 지연시키기 때문이다.

한편 소프트뱅크식 보고서에는 애매함이 일체 허락되지 않는다. 실태나 현황을 선명하게 보여주기 때문에 문제점도 한층 더 뚜렷해진다. 내가 보고 싶지 않은 모습이나 받아들이고 싶지 않은 현실까지 낱낱이 보여주는, 바꿔 말하면 상당히 잔인해 보일 수도 있는 보고서다.

하지만 '문제점을 안다는 건 곧 해결책과 개선책을 세울 수 있다'는 '또 다른 사실'을 의미한다. 확실해진 문제점을 해결하기 위한 가설을 세우고, 이를 하나씩 검증해갈 수 있기 때문이다.

물론 업무상 작성해야 할 보고서는 이 책에서 든 10가지 종류 외에도 많다. 더 많은 보고서를, 그것도 수시로 작성해야 할 때가 있다. 다만 한 가지, 여기에서 강조해두고 싶은 건 '어떤 보고서를 작성하든 중요한 포인트만큼은 결코 변하지 않는다'는 사실이다.

'애매한 표현을 배제하고 간단명료하게 정의한다. 사실을 사실 그대로 인정하고, 문제의 본질을 수치상에서 확인하며 개선점을 이끌어낸다.' 이런 보고서 작성의 본질을 이해하고 행동으로 옮기면 해결 못할 문제는 없다. 어떤 문제든 반드시 극복할 수 있다.

아무쪼록 이 책에서 소개된 10가지 종류의 보고서 작성법을 훈련하며 '소프트뱅크식 보고서 작성법의 본질'을 익혔으면 한다. 특히 전통적인 기업이나 신생기업, 혹은 앞으로 창업하려는 사람 모두에게 도움이 될 수 있기를 희망한다.

　어리고 보고서 작성법에 무지했던 나도 해냈다. 결코 어렵지 않으며 불가능한 길도 아니다. 누구나 보고서 작성법의 우등생으로 거듭나고 성과를 올릴 수 있다. 나는 여러분들도 충분히 그렇게 될 수 있다고 믿어 의심치 않는다.

미키 다케노부

들어가며 · 4

이기는 보고서 1 : **업무처리 보고서**
실태가 보이지 않는 보고서는 위험하다 · 18

그룹 관리를 배우자! | 누적 막대그래프로는 본질을 파악할 수 없다 | 그룹 내수를 시계열상의 변화로 본다 | 답은 '강사의 수'에 있었다 | 누적은 문제를 내포한다 | 제조뿐 아니라 서비스에도 응용할 수 있다 | 서비스에서도 수율 감각을 가져라 | 자원의 계획적인 배분이 가능해진다 | 야후BB에서 활용한 그룹 관리 기법 | 모든 전화가 통화 중! | 연금특별편 처리 업무도 비약적으로 개선되다

이기는 보고서 2 : **매출 보고서**
윗선의 눈높이로 가설을 세워라 · 44

실적이 예산보다 적은 이유 | 잘못된 매출 보고서의 견본 | 시각적으로 보기 좋지만, 실태를 제대로 파악할 수 없는 막대그래프 | 지속적인 매출과 일시적인 매출 추이를 파악하라! | '82kg 이론'에 빠지지 말라! | 위기상황이 보인다 | 중요한 건 방향이다 | 매출에는 고유의 색이 있다! | 사원이 없어도 회사가 돌아가는 구조를 만든다 | 2단계 윗선의 관점에서 가설을 세워라 | 단지 오늘만을 위한 자료 작성은 백해무익하다

이기는 보고서 3 : **요인 분석 보고서**
개선을 요구할 때 가장 설득력 있는 방법 · 68

인과관계를 찾으면 비용도 줄일 수 있다 | 누적그래프로 요인을 찾아라 | 베이스 콜은 면밀하게 범주화하라 | 원인과 결과를 이해할 수 있다 | 윗선에 불평하는 소재가 된다 | 개선 요구는 하나로 좁힌다 | 수치화하면 사람은 움직인다 | '연금특별편'의 일괄 배송이 초래한 이상 사태 | 집중 해소에도 도움이 된다

이기는 보고서 4 : **회의의사록**
A4지 1장으로 한눈에 파악할 수 있게 만든다 · 86

의사록은 '읽지 않으면 헛방'! | A4지 사이즈로 양식화하라 | 세로로 구성하자 | 보고인지, 결의사항인지를 명확히 구별한다 | 사실과 평가는 나눠 기록하자 | 책임자나 마감기한, 결과물을 명확하게 정하자 | 배포처, 출석자도 명시한다 | 언제 누가 이 의사록을 작성했는가 | 서기에게는 권한을 부여한다 | 좋은 회의의사록은 퇴로를 끊는다

이기는 보고서 5 : **프로젝트 관리 시트**
각 공정을 담당자 단위로 심플하게 관리한다 · 108

데스매치가 강요되는 프로젝트 | 보기엔 좋지만 사용이 어려운 간트 차트 | 현장의 움직임에 대응할 수 없다 | 심플하지만 진행 관리에는 충분하다 | 구체적인 사안이나 행동으로 결과물을 정의한다 | 담당자는 1명으로 좁히고 반드시 명확하게 기재한다 | 항상 최신 버전으로 업데이트하자 | 각 담당자 단위로 공정을 나눈다 | 권한이 없는 PM은 프로젝트를 제대로 운영할 수 없다 | 예측할 수 없는 사태에도 임기응변으로 대응할 수 있다

이기는 보고서 6 : **파레토 차트**
몇 가지 요인을 제거하면 80%의 문제가 해결된다 • 126

문제점 발견에 도움이 되는 파레토 차트 | 80 대 20 법칙 | 파레토 차트의 작성법 | 최소값, 최대값을 고정한다 | 쓸데없는 요소를 제거해 심플한 그래프로 작성한다 | 우선순위를 전원이 공유할 수 있는 도구 | 운용 룰을 만들어 확인한다 | 카테고리별 정의와 운용이 중요하다

이기는 보고서 7 : **회귀 분석**
경영자 마인드를 길러주는 회귀 분석 • 148

"회귀 분석을 하지 않는 사람의 이야기는 일절 듣지 않겠다" | 회귀 분석이 경영자 육성으로 이어진다 | 인과관계를 부각시킨다 | 결정계수를 잊지 마라 | PDCA 사이클이 논리적으로 돌아간다 | 누락 체크도 가능해진다

이기는 보고서 8 : **프로세스 분석 시트**
프로세스 정의로 단계별 상황을 파악한다 • 162

각 단계별로 업무의 진척상황을 따라가자 | 입구와 출구를 정의해 변화를 쫓아간다 | 수율이 10%가 된 이유 | 전화한 시간대에 문제가 있었다? | 우선순위를 매겨 해결책을 생각한다 | 정의의 중요성 - 나비와 나방 이야기 | 업무의 함정을 잡아라

이기는 보고서 9 : **프레젠테이션**
수치가 뒷받침되는 원 메시지, 원 이미지 • 176

기획서와의 차이를 반드시 인식하자! | TV=프레젠테이션 | 슬라이드 내용 이외의 것에 대부분의 시간을 사용하자 | 읽는 사람이 한 번에 이해할 수 있는 슬라이드가 가장 좋다 | 프레젠테이션을 하는 이유 | 원 슬라이드, 원 메시지, 원 이미지가 원칙! | 메시지는 20자 내외로 | 짧은 시간에 메시지를 전하는 기술을 연마하라 | 가로×세로 비율을 조정해 메시지성을 높이다 | 사람을 끌어당기는 건 역시 숫자다! | 숫자가 가진 의미를 전하자 | 페이지 번호 표시를 잊지 마라 | 테마 하나당 3가지 항목을 준비하자 | 무의미한 자료 낭독과 암기 | 타깃에 따라 이야기하는 내용을 바꾼다 | 강약장단이 있는 말투로 청중의 마음을 사로잡아라

이기는 보고서 10 : **기획서**
결론부터 쓰고 숫자로 증명하라 • 204

A4지 1장으로 정리하자 | 결론은 처음에 전달한다 | 타이틀은 크게 적자 | 매수가 많은 기획서=좋은 기획서가 아니다! | 기획서 앞쪽에 결론을 둔다 | 시선의 자연스러운 움직임을 의식한다 | 숫자 표현법에 각별히 신경 쓴다 | 가로×세로 비율을 조정해 쓸모없는 요소를 배제한다 | 퀄리티 높은 이미지를 붙인다 | 항목별 기록은 5개까지 | 전하고 싶은 단어나 문장은 강조하자 | 평가가 빠진 자료는 더 이상 자료가 아니다! | 취재 시에는 A4지 1장에 키워드를 정리해 대응한다

특별부록 : 보고서 작성의 노하우와 함정
자료 준비와 구성부터 각종 그래프 작성법까지 • 230

이기는 보고서 1

업무처리 보고서

실태가 보이지 않는 보고서는 위험하다

그룹 관리를 배우자!

혹시 여러분은 '그룹 관리'라는 말을 들어본 적이 있는가. 처음 들어본 이들을 위해 우선은 개념 정의부터 간략히 해보자.

여기에서 '그룹 관리'란 '어떤 연속적인 업무를 주간, 월간 등의 시간 단위로 구분한 후 그 단위마다 그룹으로 묶어 관리하는 방식'을 말한다. 제조업에서는 제품을 생산량별로 나누어 관리하기 때문에 그룹 관리가 기본이다. 이 기법을 서비스업이나 일반적인 업무에도 적용할 수 있다. 영어회화 학원을 사례 모델로 들어 '그룹 관리'의 유효성에 대해 살펴보자.

여기 한 영어회화 학원이 있다. 최근 이 학원은 신규 수강자를 늘리기 위해 시내 곳곳에서 전단지를 배포했다. 이를 통해 문의 건수는 순조로이 늘었고, 강의를 신청하는 수강자도 크게 늘었다.

하지만 어쩐 일인지 매출 실적으로 이어지진 않았다. 보고서만 보면 표면적으로 별 문제가 없는 것 같은데, 어째서인지 직접적인

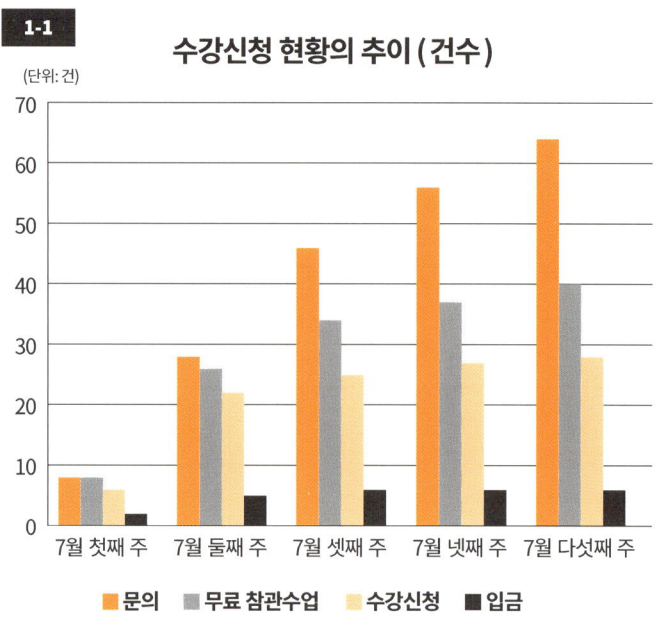

매출 수치로는 나타나지 않았다. 어쩌다 이런 일이 벌어졌을까.

이 같은 수수께끼는 '그룹 관리' 기법을 이용하면 금세 해명할 수 있다. 도표 〈1-1〉을 보자. 이 표는 학원의 수강신청 현황을 주별(週別)로 보고한 업무처리 보고서다.

이 학원은 어린이부터 어른, 노인까지 거의 전 연령층을 수강 대상으로 삼고 있다. 이들은 전단지, 인터넷 등을 보고 흥미가 생기면 학원에 '문의'한 뒤 우선 '무료 참관수업'을 체험하게 된다. 여기에서 수업 방식이나 강사 수준 등을 직접 확인한 뒤에 괜찮다 싶으면 정식으로 '강의를 신청'하고 '학원비(수강료)를 지불'한다. 그렇게 등록 작업이 완료되면 본격적으로 강의가 시작된다. 이 보고서에는 신청자의 상황을 '문의—무료 참관수업—수강신청—입금' 등 4단계로 나눠 주별 건수를 표시해두었다.

　이는 우리 주변에서 흔히 볼 수 있는 보고서다. 보고서만 보면 별 문제가 없는 것 같은데 이 학원의 매출은 늘지 않았다. 혹시 여러분은 이 그래프에 중대한 결함이 있다는 사실을 알아챘는가. 신청 현황의 추이를 따라가다 보면 치명적인 문제점을 하나 발견할 수 있다. 이를 감지했다면 매출 실적으로 이어지지 않는 원인도 도출할 수 있다.

　그렇다면 그 결함이란 무엇일까. 바로 '신청 현황을 지난주 수치가 포함된 누적 베이스로 보고'한 것이다. 〈1-1〉의 각 주별 수치란, 사실 그 주에 발생한 건수만 나타낸 게 아니라 지난주의 수치까지 합산한 누적 숫자를 말한다. 그로 인해 현재의 실태가 제대로 보이지 않는 것이다.

누적 막대그래프로는
본질을 파악할 수 없다

　이 학원은 수강자를 모으기 위해 7월 첫째 주에 전단지를 배포했다. 〈1-1〉은 그때부터의 신청 현황 추이를 누적해 막대그래프로 표시한 것이다.

그래프에서도 볼 수 있듯 전단지의 배포 효과는 꽤 좋았다. 첫째 주에는 8건밖에 없던 문의 건수가 둘째 주에는 28건까지 늘었고, 무료 참관수업을 끝낸 뒤 본 강의를 신청한 이도 20명이 넘었다. 이 가운데 입금까지 끝낸 사람은 아직 5명이지만, 다음 주 입금 단계에 도달할 사람은 더욱 늘어날 것으로 기대된다.

하지만 막상 셋째 주에 들어서자 입금자가 거의 늘지 않았다. 늘기는커녕 신청자 수 자체도 보합세를 띠기 시작했다. 문의 건수는 전단지 배포 직후인 둘째 주 수준에는 미치지 못했지만, 18건이나 늘어 높은 수치를 기록했다. 따라서 전단지 효과가 있었던 것만큼은 틀림없는 사실이다. 그럼에도 매출 면에서 보자면 여전히 기대에 한참 못 미치는 수준이다.

7월 넷째 주, 다섯째 주도 문의가 늘어난 것처럼 보인다. 문의 건수는 누계로 넷째 주까지 56건, 다섯째 주까지 64건으로 늘었다. 하지만 무료 참관수업을 끝낸 사람은 40명에 그쳤고, 이 중 학원비를 지불한 사람은 불과 6명뿐이었다. 매출로는 거의 연결되지 않은 것이다.

이 그래프를 보고 '단지 단계별로 시간 차이가 있을 뿐'이라던가, '전단지의 배포 효과로 무료 참관수업의 참가자가 늘고 있기 때문에 수강신청 후 최종적으로 학원비 입금까지 완료할 사람도 점차 늘어날 것'이라는 시각을 갖는다면 지나치게 낙관적인 것이다.

실상은 더 냉혹하고 심각한 문제가 벌어지는 중이다. '수강자들이 고민하다가도 시간이 지나면 결국은 수강신청을 해서 입금까지 이를 것'이라는 생각이 얼마나 순진하고 안일한 시각이었는지, 또 문제의 본질을 제대로 보지 못했는지 다음 그래프를 보면 알게 된다. 본질을 파악하기 위해서는 단지 상황별 막대그래프를 그리는 데 머물러선 안 된다. 매주 상황별 건수나 구성비를 알 수 있는 적재형 막대그래프를 작성해 시계열時系列, 어떤 현상의 시간적 변화를 관찰해 얻은 値상의 변화를 반드시 살펴봐야만 한다.

그룹 내수를
시계열상의 변화로 본다

이 학원의 문제점을 찾기 위해 작성한 것이 그룹 내수統計에서 전체 수 가운데 어떤 요소가 차지하고 있는 수를 시간 순서의 변화로 나타낸 도표 〈1-2〉와 도표 〈1-3〉이다.

우선 〈1-2〉는 신청 현황을 매주마다 %로, 〈1-3〉은 건수로 각각 표시했다. 〈1-2〉는 상황별 구성비를 알기 쉽게 작성했다. 매주 문의가 있었던 사람 수를 100으로 삼아 그중 몇 %가 무료 참관수업을 체험했는지, 입금은 안 했지만 본 강의의 수강신청을 끝낸 사람이 전체의 몇 %인지, 또 이 모든 과정을 마치고 학원비 입금까지 최종 완료한 사람이 몇 %인지를 명확히 보여준다.

〈1-2〉와 〈1-3〉의 포인트는 누적이 아니라 '주週'라는 그룹 속

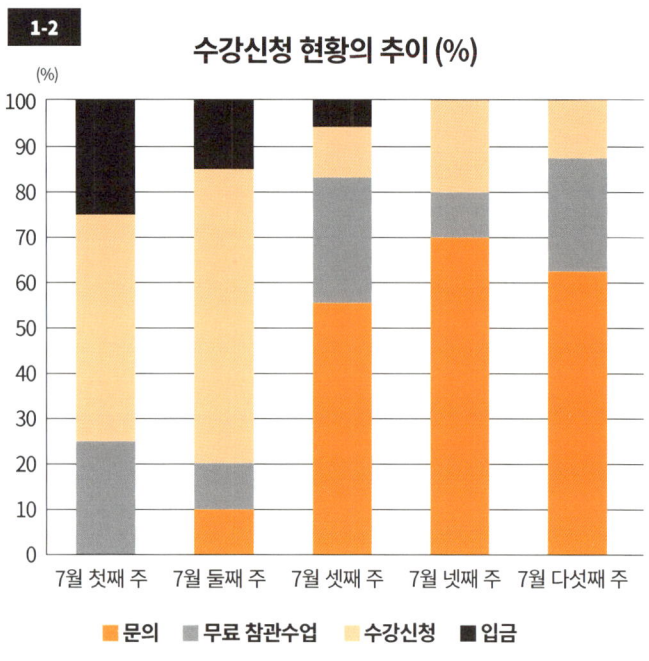

(주: 주마다 문의가 있었던 사람 수를 100으로 두고, 그 주에 상황별 구성비를 표시)

에서 단계별 상황을 알 수 있게 한 점이다. 앞서 〈1-1〉은 수강신청 건수나 입금완료 건수를 단순히 더한 누적그래프였다. 반면 〈1-2〉와 〈1-3〉은 1주일간의 동향을 면밀히 보여주는 그래프다. 즉 '주'를 단위로 현황을 보여주고 있으며 바로 이것이 '그룹 관리'라는 기법이다.

〈1-2〉를 보면 7월 첫째 주에는 '25%가 무료 참관수업에 그쳤다'는 사실을 알 수 있다. 무료 참관수업을 거쳐 수강신청 단계에서 멈춘 이는 전체의 50%, 최종 학원비 입금까지 이른 사람은

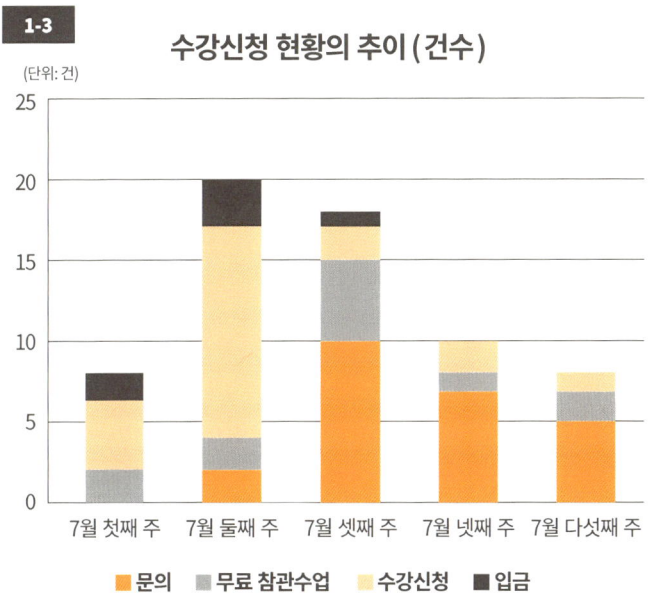

25%다. 결국 문의자 중 4분의 3, 75%가 이 학원에 등록 신청을 했다. 이는 결코 나쁘지 않은 수치처럼 보이는데, 이를 '첫째 주 그룹'이라 부르자.

이어 전단지를 배포한 둘째 주로 눈을 돌려보자. 첫째 주에는 문의한 이들 모두가 무료 참관수업을 체험했지만, 둘째 주가 되자 문의 단계에 그친 사람이 전체의 10%다. 무료 참관수업 단계에서 멈춘 사람 역시 10%였지만, 문의부터 무료 참관수업, 수강신청까지 3단계를 완료한 사람은 65%에 이르렀다. 또 여기에 입금까지 모두 완료한 사람 15%를 더하면 그 수치는 80%에 달한다. 이로써 아직까지는 업무가 순조로이 진행 중이라고 말할 수 있을지 모른다.

하지만 셋째 주 그룹을 보면 이변이 발생했다. 문의는 했지만 수강신청은커녕, 무료 참관수업 체험조차 하지 않은 사람이 전체의 절반을 넘은 것(55%)이다. 이는 당연히 직접적인 매출로 이어질 리가 없다.

또 넷째 주 그룹에 이르자 더 비참한 상황이 벌어졌다. 단순 문의에 그친 사람이 무려 70%, 무료 참관수업까지 체험한 사람은 불과 10%에 머물렀으며, 입금자는 아예 1명도 없었다. 이 주의 매출은 아예 없는 것이다.

다섯째 주 그룹을 보면 상황이 약간 반등해 무료 참관수업까지 체험하는 사람의 비율이 늘었지만, 25% 수준에 그칠 뿐이다. 게다가 학원비 입금까지 마친 사람은 여전히 아무도 없다.

도대체 7월 둘째 주부터 셋째 주에 걸쳐 무슨 일이 벌어진 걸까. 왜 문의만 하고 마는 사람이 이렇게 많아졌을까. 그 원인을 제대로 규명하지 않는 한 매출을 늘리긴 어려워 보인다.

누적을 베이스로 한 〈1-1〉에서는 흐릿하게 보이던 실태가 〈1-2〉와 〈1-3〉에서는 한층 더 선명하게 보이기 시작했다. '주'라는 그룹으로 묶어 숫자를 다시 정비한 덕분이다. 그룹별 업무처리 보고서는 있는 그대로의 실상을 보여주는 '거울'이나 다름없다.

답은
'강사의 수'에 있었다

결론부터 말하자면 무료 참관수업을 신청하지 않고, 단순 문의에 그친 이들이 이렇게 늘어난 이유는 '무료 참관수업의 수가 적은 데' 있었다. 담당 강사가 1명 줄어들면서 사람들이 무료 참관수업을 신청하려 해도 일정이 맞지 않아 참관수업 자체를 포기할 수밖에 없었던 것이다.

자, 한 번 생각해보자.

'무료 참관수업 모집'이라는 전단지를 보고 모처럼 영어회화에 흥미가 생겼다. 그래서 큰 용기를 갖고 전화를 걸어 무료 참관수업을 신청했다. 그런데 이게 웬걸! 내 스케줄에 맞는 무료 참관수업 시간이 거의 없었다. 그러면 수강생은 '아, 여기는 다니기 힘들겠구나……' 하고 포기하지 않을까. 모처럼 생긴 수강 의욕마저 떨어지니 수업에 참여한들, 회화 실력이 크게 나아질 거라 기대하기도 어렵다. '강사도 제대로 수급하지 못하는데……, 그러다 혹시 학원 자체가 문이라도 닫는다면? 내 학원비를 떼먹는 건 아닐까?' 직접 문의했다가 이런 의문을 가진 사람이 있다 해도 전혀 이상할 게 없다.

즉 일부러 전화를 걸어 인터넷상에서 수강신청을 하는 구체적인 행동까지 취한 잠재 고객에게 충분한 무료 참관수업을 준비해두지 않은 학원 측의 준비 부족이 매출 저하를 야기한 것이다. 이 상황을 그대로 두면 다섯째 주에는 60%에 달하는 사람들이 무료 참관 수업을 받지 못하게 된다. 이때 만약 경쟁 학원이 동일한 프로모션을 전개한다면? 아마도 대부분의 잠재 고객은 그쪽으로 넘어가버릴 공산이 크다.

학원에 문의전화를 한 이들은 '영어회화에 관심이 있고, 이 학원에도 흥미를 가진 잠재 고객'이다. 따라서 무료 참관수업을 받으면 본 강의의 수강신청 확률도 그만큼 높아졌을 것이다. 하지만 아쉽게도 이 학원은 좋은 기회를 살리지 못하고 있었다.

이때 주별 그래프를 작성하면서 문제점이 명확하게 드러나기 시작했다. 이를 통해 학원은 적극적인 대책을 강구할 수 있었다. 서둘러 강사들에게 연장 근무를 요청하고, 본사에서 원어민 강사를 파견 받아 무료 참관수업의 수를 늘렸다. 무엇이 문제인지 원인을 알았기 때문에 비로소 '인원 보강'이라는 구체적인 해결책을 찾은 것이다.

학원은 대책을 마련한 후 문의한 사람이 모처럼 가진 의지나 흥미를 놓치지 않게끔, 문의한 지 1주일 내로 무료 참관수업을 받을 수 있도록 했다. 그 결과 해당 학원에 수강신청을 하는 이들이 늘어 지금은 학원비 입금도 순조로이 증가하고 있다. 매출을 저해하던 애로사항, 즉 보틀넥(Bottle Neck, 성장이나 확대를 저해하는 요인)을 해소하자 신규 등록자가 두 배 가까이 늘어날 수 있었던 것이다.

누적은
문제를 내포한다

〈1-1〉과 〈1-2〉, 〈1-3〉은 모두 같은 수치를 기반으로 작성한 그래프다. 그럼에도 〈1-1〉에서는 문제가 부각되지 않지만, 〈1-2〉와 〈1-3〉을 통해서는 문제를 파악할 수 있었다. 여기서 꼭 알아야 할 점이 있다. 바로 '누적은 문제를 내포'한다는 것이다. '문의-무료 참관수업-수강신청-입금'이라는 단계마다 건수를 더한 누적형 막대그래프에서는 매주 '어떤 문제가 새로 발생했는지' 파악하기 어렵다.

첫째 주, 둘째 주에는 무료 참관수업을 담당하는 강사의 수가 충분했는데, 셋째 주에는 모자랐다. 이런 문제점은 누적으로 보고서를 작성할 경우 제대로 운영될 때의 수치까지 포함되어 있기 때문에 한눈에 알기 어렵다. 이는 누적이 가진 일종의 함정이다. 따라서 어떤 상황의 진실을 보기 위해선 누적의 함정에 빠지지 않는 것, 바로 여기에 성패가 달려 있다 해도 과언이 아니다. 시간적인 흐름 속에서 업무를 처리할 경우 '어떤 기간 동안 벌어진 일만을 콕 집어내는' 그룹 관리가 필수적이다. 이는 몇 가지 공정을 거쳐 운영하는 업무에서 가장 중요한 요소 중 하나다.

단지 업무의 처리 건수를 나열하는 게 아니라, 시간적인 흐름을 고려해 업무상의 애로사항을 발견하지 못하면 문제를 해결할 수 없다. 물론 누적 베이스로 작성한 보고서도 나름대로 장점이 있지만, 시간별 업무 현황을 파악하기에는 충분하지 않다. 누적 자료만으로 보고가 끝나면 지금 이 순간 업무가 잘 진행되는지, 아니면 잘 진행되지 않는지를 제대로 파악할 수 없다.

제조뿐 아니라
서비스에도 응용할 수 있다

'그룹 관리'는 몇 가지 공정을 거치는 작업 과정에서 애로사항을 발견할 때 가장 효과적인 기법이다. 알기 쉬운 예로 자동차 공장을 살펴보자. 공장에서는 강판으로 섀시를 만들고 차체를 만든다. 이후 핸들을 붙이고 도장해 차량을 출하한다. 전체적으로는 더 세부적인 공정이 있겠지만, 이 자리에서는 주요 공정만을 이야기해보자.

어느 공정에서 애로사항이 있는지 확인하기 위해선 일단 각 공정을 시계열로 분석하는 작업이 중요하다. 첫째 주와 둘째 주, 더 나아가 주별 내역을 들여다본다. 바로 이것이 '그룹 관리'다.

현재 섀시 라인에 문제가 있는지, 핸들 설치에 문제가 있는지, 혹은 도장 공정에 문제가 있는지 등 각 공정별 문제점을 찾지 못한 채 방치해두면 어느 순간 생산량은 크게 떨어진다. 나아가 몇 가지 문제가 중첩되다 보면 어느새 치명적인 상황이 벌어질지도 모른다.

애로사항이 해소되지 않아도 초기에는 여분의 생산력을 통해 어떻게든 커버할지 모르나, 오래 지속시키기는 어렵다. 이윽고 상태가 악화될 대로 악화되어 더 복잡하고 까다로운 문제를 야기할 수 있다.

하지만 이른 시기에 문제점을 파악하면 그만큼 해결도 빨라지고, 더 큰 트러블 또한 피할 수 있다. 이 같은 '그룹 관리' 기법은 자동차 생산처럼 제품을 만들어내는 과정에선 일반적으로 사용되지만, 앞서 예로 든 학원의 수강신청처럼 비가시적인 서비스 과정에도 충분히 응용할 수 있다.

서비스에서도
수율 감각을 가져라

여기에서는 '그룹 관리' 업무처리 보고서에 필요한 작성 포인트를 정리해보자. 의외로 간과하기 쉬운 포인트가 바로 '상황단계별 정의' 부분이다.

지금까지 나는 애매한 상황이나 단계에서 작성된 업무처리 보고서를 무수히 많이 봐왔다. 특히 취급하는 대상이 비가시적인 '서비스'일 경우, 정의가 불명확하거나 보고서만으로는 내용이 공유되지 않는 경우가 상당히 많다. 그저 개별적으로 작업을 진행하다 보니 각자가 생각하는 상황의 정의 자체가 제각각인 것이다. 이런 경우 진척상황을 조사하려 해도 '업무가 얼마나 진행되었는지' 도통 알 길이 없다. 진척상황을 정확히 파악하려면 우선은 정의부터 명확히 내려야 하는 법이다.

그룹 관리에 따른 업무처리 보고서, 바로 이것이 작성의 포인트다!	
포인트 1	상황(단계)을 정의한다.
포인트 2	상황(단계)은 실제 산출 베이스로 명확히 한다.
포인트 3	누적이 아니라 그룹 내수를 본다.
포인트 4	시계열상의 변화로 추이를 본다.
포인트 5	백분율 수치와 실제 수치를 모두 기입해 '원 슬라이드, 원 메시지(One Slide, One Message)'로 만든다.

이 학원을 예로 들어보면 '문의'나 '수강신청' 같은 단계가 어떤 상황을 의미하는지, 또 '무료 참관수업'이 무엇을 의미하는지 확실히 해둬야 한다. 무료 참관수업이라면 신청한 사람신청자만을 지칭하는지, 아니면 이미 참관수업의 체험까지 끝낸 사람을 지칭하는지를 업무처리 보고서 작성 전에 명확히 해둬야 한다.

포인트 3에서 '누적 보고서를 완전히 부정하는 건 아니'라는 점을 꼭 말해두고 싶다. '누적짧은 것은 안 되지만 그룹넓은 것은 좋다'고 말하는 게 아니다. 다만 여기서 그룹을 강조했던 건 주별 그룹으로 묶어보는 게 가장 문제점을 알기 쉽기 때문이다. 누적 보고서는 결코 주역이 될 수 없다. 우선은 그룹 관리가 먼저고, 누적 보고서는 부차적인 존재 정도로 생각하면 좋을 듯하다.

이 둘의 관계는 앞서 사례로 들었던 자동차 공장으로 이미지화하기 쉽다. 누적된 내용만 담긴 보고서에는 '개별 공정이 갖는 수율(Yield Rate)' 자체가 보이지 않는다. 따라서 '주'라는 시간 단위 속에서 수율을 체크하는 게 공장 전체의 수율 개선으로 이어질 수 있다.

학원에 문의했지만 무료 참관수업이나 수강신청 등으로 더 나아가지 못한 고객이라면, 자동차 공장의 '불량재고'에 해당한다. 이 학원에서는 무료 참관수업이 적었기 때문에 모처럼 큰맘 먹고 시작한 문의 자체도 불량재고가 되고 말았다. 이는 섀시를 많이 만들었는데, 그 다음 단계의 생산력이 부족해 섀시가 공장에서 누적 재고가 되어버린 상황과 비슷하다.

모처럼 문의를 했는데 무료 참관수업이 적다면 수강신청자가 크게 늘어날 리 없다. 무료 참관수업을 체험하지 않고 수강 절차를 밟은 뒤 학원비까지 덜컥 지불할 사람은 사실 많지 않다. 아니, 거의 없다 해도 무방하다. 결국 무료 참관수업을 체험하는 사람을 늘리지 못하면 수강생을 늘릴 방법이 없다. 전체 생산력을 높이는, 즉 수강신청을 거쳐 학원비 지불까지 할 수 있는 학생 수를 늘리기 위해선 무료 참관수업이라는 공정 자체를 보강하는 게 가장 좋은 해결책인 것이다.

포인트 5에도 나와 있듯 자료에는 백분율 수치와 실제 수치를 둘 다 기입하는 게 가장 좋다. 하지만 굳이 우선순위를 따지자면 백분율 수치가 먼저다. 이때 실제 수치도 기반 데이터로 붙여두는 건 상관없지만, 조금 더 수고가 들어도 일단은 백분율로 계산하는 것부터 우선시했으면 한다.

자동차 공장을 예로 들자면, 제조사들이 중시하는 '생산 수율^{생산성}'에 해당한다. '수율 개선'은 제품을 만들어내는 제조사에게 가장 중요한 과제라 할 수 있다. 이처럼 '어떤 물건이 다음 공정에서 몇 % 남았는지'를 가시적으로 보여주는 자료를 만드는 게 무엇보다 중요하다.

마찬가지로 포인트 5의 '원 슬라이드, 원 메시지'에 대해선 이후 상세히 설명할 것이다. 일단 여기에서는 한눈에 내용을 파악할 수 있도록 보고서를 정리할 때 '한 페이지당 하나의 메시지'를 기본 형태로 생각해줬으면 한다.

자원의
계획적인 배분이 가능해진다

한편 그룹 관리하는 업무처리 보고서의 경영상 이점에 대해서도 정리해보자.

그룹 관리에 따른 업무처리 보고서, 바로 이것이 경영상의 이점이다!	
이점 1	문제점을 조기에 발견한다
이점 2	애로사항을 발견해 전체 생산량을 늘린다

이점 3	과정마다 수치화에 따른 계획적인 자원 배분이 가능하다
이점 4	수치화로 개선이 가능해진다

앞서 영어회화 학원의 예로 보자면 무료 참관수업의 수가 적은 문제를 조기에 파악했기 때문에 다시 강사를 늘려 이를 매출 상승으로 연결시킬 수 있었다. 당장 부족한 부분(문제점)이 무엇인지 파악해 자원을 계획적으로 배분할 수 있었던 것이다.

그룹 관리 기법은 2014년 전 세계를 뒤흔들고 아직까지도 종식되지 않은 에볼라 출혈열(Ebola Hemorrhagic Fever, '에볼라 바이러스'로도 함) 문제에도 응용이 가능하다.

일반적으로 에볼라 출혈열의 사망률은 50% 정도로 알려져 왔다. 하지만 최근 에볼라 감염자들을 다시 조사했을 때 실질 사망률이 거의 90%에 달한다는 사실을 알 수 있었다. 그렇다면 왜 50%라는 잘못된 수치가 대외적으로 널리 유포되었을까. 이는 시간의 경과 속에서 분모(분수에서 가로점 아래쪽에 있는 수치)를 그룹 관리하지 않았기 때문이다.

누적된 숫자를 쫓아가다 보니 '불과 1개월 만에 분모가 2배에 이르렀다'는 사실을 알 수 있었다. 분모가 늘어나면 당연히 사망률도 떨어져 50%라는 잘못된 수치가 도출된 것이다.

따라서 지난 달에 에볼라 출혈열에 걸린 환자와 이번 달에 걸린 환자 수를 나눈 숫자가 도출되면 보다 실태에 가까운 사망률을 얻을 수 있다. 만일 이것이 가능하다면 보건당국은 훨씬 더 효율적인 대책을 세울 수 있을지도 모른다.

야후BB에서 활용한 그룹 관리 기법

내가 그룹 관리 기법의 중요성을 새삼 인식한 건 야후BB(Yahoo! BB)의 서비스 개통이 늦어지며 사회문제로 비화되었을 때다. 2001년 6월 20일 소프트뱅크는 일본 전역의 이용자들을 대상으로 야후BB의 ADSL 접속 서비스를 사전 예약 받았다. 당시 이 서비스가 불러일으킨 반향은 실로 엄청났다.

ADSL 접속 요금은 월 9900원, ISP 서비스 요금이 월 1만 2900원. 이렇게 총액 2만 2800원이라는, 당시 시장 가격의 절반도 안 되는 요금을 설정해 큰 화제를 모았다. 접수 개시 직후부터 신청이 쇄도해, 신청 건수는 순식간에 100만 건을 돌파했다. 하지만 회사의 지원은 급격히 늘어난 신청자의 수를 따라가지 못해 각 대리점(현장)에서 엄청난 혼란을 겪기 시작했다. '연락이 안 된다' '문의해도 답이 없다' '모뎀이 오지 않는다' 등등 클레임이 또 다른 클레임을 부르는 악순환이 계속되었다. 당시 연락 수단이 이메일뿐이던 고객 지원(Customer Support) 부문에는 이메일이 쇄도, 순식간에 대응 불능 상태에 빠지기도 했다.

이메일만으로는 도저히 문제 해결의 가닥이 보이지 않자, 소프트뱅크 본사는 콜센터 개설을 전격적으로 결정했다. 이때는 2001년 10월로, 접수를 시작한 지 불과 3개월이 지났을 때였다.

모든 전화가
통화 중!

하지만 혼란은 계속되었다.

지금도 선명하게 기억나는 건 10월의 어느 날이었다. 소프트뱅크 본사의 전화기가 일제히 울리기 시작했다. 이메일 문의가 계속 지연되자, 기다림에 지친 이용자들이 한꺼번에 본사로 전화를 건 것이다.

처음에는 대표전화로 걸다가, 연결이 안 되자 대표전화에서 한 자리만 다른 번호로 전화를 건 이용자들이 많았다. 대개 특정 회사의 부서별 전화번호는 유사하기 때문이다. 만일 그것으로도 연결이 안 되면 또 한 자리 다른 번호로, 그것도 안 되면 또 한 자리 다른 번호로 걸었다. 이로 인해 사내 거의 모든 전화기가 울리기 시작해, 전 직원이 이용자들에게 걸려온 클레임에 일일이 대응해야만 했다.

상황이 이렇게 되자 도저히 일반 업무가 불가능했다. 지금 돌이켜봐도 악몽 같은 경험이었다. 사태가 사회문제로까지 번진 것도 바로 이 시기였다. 이용자로서는 파격적인 요금에 매력을 느껴 신청했는데, 언제쯤 사용할 수 있는지 답을 들을 수 없었던 것이다. 이에 화가 난 이들은 마침내 소프트뱅크를 맹비난하기 시작했다. '저렴한 요금으로 소비자들을 만족시키겠다'던 서비스가 도리어 '소비자들의 불만을 초래하는' 아이러니가 벌어진 것이다.

'이대로는 안 되겠다'며 사태의 심각성을 깨달은 소프트뱅크가 콜센터를 1차 대응창구로 갖추기 시작했다. '퀵 야후BB'라는 명칭의 내비 다이얼Navi Dial, 일본 국내에서 복수(複數)의 착신처에 대응하고자 전국적으로 통일된 전화번호를 제공하는 NTT의 부가 서비스로 전화 창구를 개설한다'는 고지가 웹상에 게시되자, 첫날에만 수십만 통의 전화가 걸려왔다.

하지만 대응률은 절대적으로 떨어졌다. 당초 콜센터를 시작할 때는 기술적인 문의가 대부분일 거라 예측했지만, 실제 걸려온 전화는 기초적인 가입 절차에 관한 문의가 많았다. 그로 인해 건당 대응에 상당한 시간이 걸렸다. 상담전화 한 통에 예상 이상의 시간이 소요되어, 쇄도하는 전화에 전부 대응하기 어려웠다. 결국 콜센터를 개설했음에도 응대 비율은 좀처럼 개선되지 않았고, ADSL 서비스의 신청부터 개통까지 최소 2주 이상이 소요되었다. 이용자들의 불만이 가라앉기는커녕 좀처럼 가실 기미조차 보이지 않았다.

이 같은 혼란 당시 나는 ADSL 서비스의 최종 공정인 과금 부분만을 담당하고 있었다. 하지만 위기상황인 만큼 요금 센터를 관리본부의 관할 아래에 둬 업무의 흐름을 수시로 체크하기 시작했다. 앞서 영어회화 학원의 예로 보자면, 이는 입금(학원비 수금) 공정에 해당하는 업무였다.

다양한 클레임 중에서도 특히 많았던 건 잘못 과금되는, 소위 '오과금(誤課金) 문제'였다. 이유를 찾아보니 그 원인이 콜센터에 있었다. 이는 시스템상의 운영 문제가 아니라, 이용자와 콜센터 사이의 커뮤니케이션이 갖는 애매함 때문이었다.

기본적으로 과금에 이르기까지는 몇 가지의 과정이 있다. NTT에 서비스를 신청하고, 설치 공사를 한 뒤 정식 개통에 이른다. 하지만 이 과정에서 이용자와 콜센터가 서로 연락한 이력이 과금 내역에 반영되지 않아 오과금 문제가 발생했던 것이다.

여기서 나는 우선 하나의 공정을 명확하게 정의했다. 그리고 분모를 정해 그룹 관리를 실시했다. 즉 서비스 신청 시점을 출발점으로 삼아 '그중 몇 %가 설치 공사를 거쳐 실제 개통에 이르렀는지'를 명확히 하는 것이다. 그러자 '모뎀이 배달되었음에도 개통한 이가 60% 정도라는 점, 이를 6개월 가까이 기다리는 사람도 있다는 점, 또 연결법을 모르거나 회선 명의인을 모르기 때문에 수속을 거칠 수 없다는 점' 등 다양한 문제가 드러났다.

각각의 출발점이 다르기 때문에, 그런 문제를 누적해 정리하다 보면 실태를 제대로 파악하기 어렵다. 그래서 우선은 공정 쪽의 분모부터 확정해야 한다. 이용자가 지금 어느 공정에 있는지를 명확히 하고, 그것을 이력으로 남기면 오과금 문제가 발생하지 않는다. 또 NTT에 신청하자마자 요금이 청구되는 사태도 벌어지지 않는다.

이렇게 그룹 관리로 업무를 진행하다 보니 트러블이 몰라보게 줄었다. 각 공정마다 필요한 시간도 파악할 수 있기에 개선책을 내기 쉬웠고, 신청부터 개통까지의 시간도 훨씬 단축할 수 있었다.

이 같은 요금 센터의 성공 모델은 2003년 개설한 콜센터에도 적용되었다. 그리고 나는 2003년 3월부터 고객 서비스 부문의 총괄본부장으로서 고객 지원업무를 진두지휘했다. 이때 과금 과정에서 효과를 발휘했던 그룹 관리 기법을 주로 사용한 건 더 말할 필요도 없다. 각 공정마다 애로사항을 하나씩 해소해가며 야후BB는 어느새 안정적인 궤도에 오를 수 있었다.

연금특별편 처리 업무도
비약적으로 개선되다

그룹 관리 기법은 내가 현재 이사로 참여하며 업무 개선을 이끌고 있는 일본연금기구의 사례에도 적용해 큰 성과를 거뒀다.

2009년 '연금특별편[사회보험청이 2007년 12월 17일부로 공적 연금의 가입기록 확인을 목적으로 모든 가입자와 연금 수급자에게 발송하는 통지서]'의 답변 처리 업무를 담당하게 된 나는 우선 현재 상황을 파악하기 위해 청취조사를 실시했다. 당시 업무 센터의 월별 답변 처리 능력은 약 13만 건에 지나지 않아, 미처리된 답변만 500만 건을 넘어선 상태였다. 이에 따라 모 지방의 사회보험 사무국에서 구축한 데이터베이스 활용 시스템을 업무 센터에 전격 도입해 위탁업자가 실시하는 업무와 명확히 구분하면서도 둘을 공존시켰다.

구체적으로는 업무를 ①접수-인쇄-분류, ②기록 조사, ③기록 심사, ④답변 처리 등의 4가지 과정으로 나눠 정의하고, 각각의 업무 과정마다 진척상황이 실시간으로 파악되도록 이를 바코드로 관리했다. 이로써 처리 능력이 비약적으로 개선되어 특별편의 처리 지연 문제는 해결될 기미가 보이기 시작했다. 현재는 특별편의 처리 지연 문제가 거의 해결된 상태다. 이때 포인트는 '상황을 정의해 주별 그룹 관리를 하는 것'이다. 상황을 분명하게 정하면 자료도 손쉽게 만들 수 있고 POS 시스템의 구축 역시 가능해진다.

그만큼 그룹 관리는 효과적인 경영 기법이다. 시간적인 흐름을 고려하면서 업무의 진척상황을 수치화하다 보면 반드시 애로사항을 발견할 수 있다. 그러면 이후에는 애로사항 해소(문제 해결)에만 전념할 수 있다. 아무쪼록 여러분이 그룹 관리를 일반 업무에도 적절히 활용할 수 있기를 기대해본다.

이기는 보고서 2

매출 보고서

윗선의 눈높이로 가설을 세워라

실적이 예산보다
적은 이유

이기는 보고서 2에서는 월별 매출 보고서를 다룬다. 아마도 거의 대부분의 회사에서 매출 보고서를 만들고 있을 것이다. 여기에서는 패키지 소프트웨어 판매사를 그 모델로 상정한다. 다만 이 회사는 제품을 한 번 판매하고 끝나는 게 아니라, 고객처에 상주하며 아예 그 운용까지 맡아 처리해주는 비즈니스 모델을 갖고 있다.

소프트웨어의 판매 가격에 더해, 매달 유지관리비까지 들어오는 이 모델은 고정적인 매출을 기대할 수 있다는 점에서 결코 나쁘지 않다. 오랫동안 이 같은 형태의 사업을 지속해 지금까지 실적을 순조로이 늘려왔지만, 현재는 어떤 벽에 부딪힌 상태다. 4월부터 상황이 점차 악화되고 있는 것이다.

도표 〈2-1〉을 보자.

담당자에게서 올라온 보고서를 보면 4월, 5월은 실적이 예산을 상회해 흑자지만, 6월에 들어서는 예산 한

2-1

월별 매출 보고

(단위: 백만 원)

월	예산	실적	개요
4월	10,000	11,450	D사 4,300, A사 2,600, B사 2,300, 기타
5월	10,500	11,250	D사 4,300, C사 3,800, E사 1,300, 기타
6월	11,000	11,100	C사 3,800, A사 3,300, E사 2,500, 기타
7월	11,500	11,400	C사 3,800, A사 3,400, E사 2,500, 기타

도를 가까스로 맞췄다. 하지만 7월에 들어서자 실적이 예산을 웃돌아 적자가 되어버렸다. 그렇다곤 해도 적자가 1억 원 수준. 경영상 크게 타격을 입을 정도는 아니지만, 그래도 가급적 빠른 시일 안에 대책을 강구해야만 한다.

표면적으로는 경영에 큰 영향을 미칠 것처럼 보이지 않지만, 뭔가 이변이 생기고 있다는 사실만큼은 틀림없다. 현재 이 회사는 '위기 초기 단계'에 처했다고 볼 수 있다.

잘못된 매출 보고서의 견본

〈2-1〉을 딱 봤을 때 알 수 있는 건 예산과 실

적의 관계뿐, 그 실적의 세부 내역 자체를 알기 힘들다. A사, B사, C사 등 거래처별로 숫자는 나열했지만 시계열상의 변화를 파악하긴 어렵다. '이 달은 가까스로 예산 한도에 맞췄다' '이 달은 매출이 예산을 밑돌았다' 정도의 결과밖에 볼 수 없다. 뭔가 문제점을 파악하기 어려운, 나쁜 보고서의 견본이다.

'실적의 합계치는 나와 있지만 거래처별 구성비를 알 수 없다'는 점도 매출 보고서로서는 치명적인 결함이다. 합계 숫자와 % 숫자가 없을 뿐만 아니라, 나아가 '그 외'라면 도대체 몇 개의 회사인지조차 불명확하다. 이러한 단점이 모두 담긴 보고서는 사실 보고서라 부르기조차 민망하다.

〈2-1〉의 가장 큰 잘못은 '월 매출의 증감'은 알 수 있어도 전체 트렌드를 알기는 어렵다는 점이다. 지금 이 회사가 어떤 상황인지, 또 어떤 문제점을 안고 있는지 등을 해당 보고서상에서 파악하기란 거의 불가능하다.

이러한 매출 보고서는 작성자가 보여주기 좋은 점만을 강조했을 가능성이 높다. 상사에게 보고하기 어려운 현황 자체를 감추려는 것일지도 모른다. 그렇게까지 의도적이진 않더라도, 어쨌든 좋지 않는 상황을 완곡하게나마 포장하는 것일지 모른다.

어떤 게 맞는지 확언할 수는 없어도 이 자리에서 한 가지만큼은 분명하게 말할 수 있다. '실태가 제대로 보이지 않는 보고서는 위험하다'고.

시각적으로 보기 좋지만,
실태를 제대로 파악할 수 없는
막대그래프

요즘 매출 보고를 이런 식의 도표만으로 끝낼 수 있는 회사가 얼마나 될까? 나는 그 수가 매우 적으리라 생각했다. 하지만 이게 웬걸! 막상 실상을 살펴보니 도표 〈2-2〉처럼 막대그래프만으로도 충분하다고 여기는 회사가 의외로 많아 적잖이 놀랐다.

예산과 실적을 대비시킨 막대그래프는 보고서에서 꽤 자주 볼 수 있다. 언뜻 아무런 문제가 없는 듯 보인다. 월별 예산의 추이도 알 수 있고 실적 추이, 혹은 실적 내역도 파악할 수 있다. 막대그래프에는 여러 개의 색깔을 사용하기 때문에 시각적으로도 보기 좋다. A사, B사, C사, D사, E사. 색깔별로 보이는 각각의 숫자가 줄고 있는지, 혹은 늘고 있는지를 일목요연하게 파악할 수 있다.

〈2-2〉를 보면 4월 매출의 회사별 구성비와 7월 매출의 회사별 구성비가 상당히 변화하고 있음을 알 수 있다. 4월에 더 높은 구성비를 점하던 D사가 7월에는 거래처 중 가장 낮은 비중을 보였다. 거꾸로 매출 구성비가 늘어난 것이 A사, C사, E사로, D사의 감소분을 이 3개사가 보충했다는 점도 이 보고서에서 확인할 수 있다.

하지만 나는 이 보고서에서 특히 C사의 '이변'에 주목하고 싶다. 여러분은 5월부터 갑자기 C사의 매출 구성비가 늘고 있다는 점을

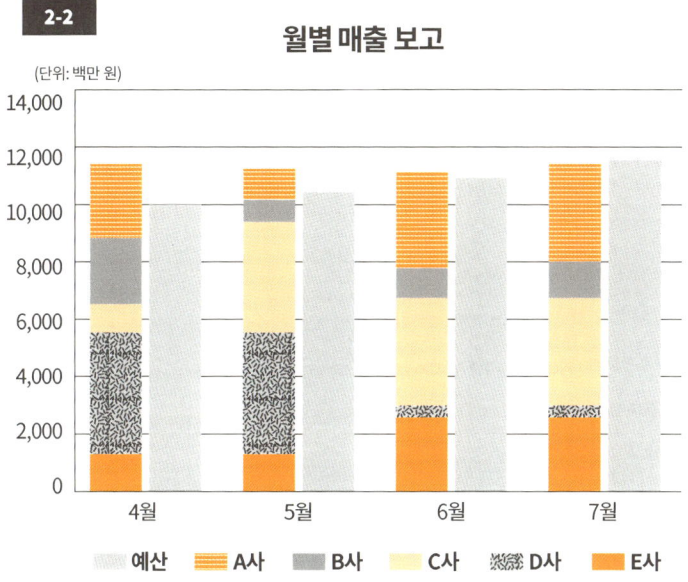

파악했는가. 이 같은 변화에는 어떤 이유가 있겠지만, 이 그래프상에서 그 이유를 찾아내기란 거의 불가능에 가깝다.

즉 이 막대그래프를 보고 이해할 수 있는 건 '4월, 5월은 실적이 예산보다 많았지만, 6월에 들어서는 예산 한도를 가까스로 달성했으며 7월에는 마침내 예산보다 밑돈다'는 막연한 경향뿐이다.

앞서 보았던 〈2-1〉과 달리, 〈2-2〉에서는 '여름 불경기'라는 경향을 읽을 수 있다. 물론 〈2-2〉만으로 C사나 D사에 어떤 이변이 있었는지를 파악해낼 수 있는 사람도 있을지 모른다. 따라서 〈2-1〉보다는 훨씬 낫다고 할 수 있지만, 그렇다 해도 실태를 바르게 보여준다곤 말하기 어렵다.

  그럼 왜 그럴까? 회사가 현재 처해 있는 상황을 파악하는 데 중요한 '매출의 종류'를 파악할 수 없기 때문이다.

지속적인 매출과
일시적인 매출 추이를
파악하라!

  매출은 결코 일률적이지 않다. 매출은 먼저 지속적인 매출과 일시적인 매출, 이렇게 두 종류로 나눌 수 있다. 전자는 '플랫폼형'이라 불리는 매출이다. 어떤 구조나 시스템을 만들어, 이후에는 가만히 있어도 돈이 들어온다. 다소 극단적으로 말하자면 '아무것도 안 해도 돈이 굴러들어오는' 모양새다. 양으로는 결코 많지 않아도 조용히 계속 이뤄지는, '소 뒷걸음질형' 매출이다.

  이 같은 지속적인 매출은 일시적인 매출과 달리 화려하진 않지만 견실하다. 눈길을 확 잡아끌 만한 큼직큼직한 숫자는 아니더라도 매달, 그리고 착실하게 매출이 나오기 때문에 회사의 기초체력만큼은 안정된 편이다.

  만일 여러분이 어떤 회사의 안정성과 견실성, 기초체력 등을 알고 싶다면 '전체 매출 중 지속적인 매출의 비율이 어느 정도인지'

파악하는 게 가장 중요하다. 이를 위해서는 우선 매출을 지속적인 것과 일시적인 것으로 나눠서 봐야만 한다.

일시적으로 매출을 확보해 아무리 표면적인 수치를 끌어올려도 그건 결국 숫자 장난에 불과하다. 이는 안정과 성장으로 이어지는 숫자가 아니라 '일종의 눈속임'에 가깝다. 무엇보다 지속적인 매출과 일시적인 매출이 어떻게 움직이고 있는지, 그 트렌드를 파악해야 한다. 매출 보고서를 만들 때 가장 먼저 주의해야 할 점이 바로 여기에 있다.

만일 부하 직원이 〈2-2〉 같은 보고서를 가져온다면 어떻게 해야 할까. '뭔가 이상하다'고 여기며 부하 직원에게 질문을 던져야 한다. 왜냐하면 뭔가 감추고 있을 가능성이 크기 때문이다. 이런 '도망치는 자세'가 엿보이는 매출 보고서를 본 뒤 "○○ 건은 어떻게 되었느냐?"고 물으면 대개 "괜찮을 것 같습니다"라는 답이 돌아오곤 한다.

사실 '괜찮다'는 답만큼 믿기 어렵고 불확실한 것도 없다. 그건 어떤 구체적인 것을 의미하지 않는다. 무엇이 괜찮은지, 지금 어디까지 진행되었는지 전혀 알 수 없다. 부하 직원에게 '괜찮다'는 답이 돌아온다면 반드시 주의할 필요가 있다. 좋지 않은 상황에서 눈길을 피한 채 뭔가를 감추려 한다고 의심해보아도 좋다.

'82kg 이론'에
빠지지 말라!

이야기가 조금 빗나갈지도 모르지만, 최근 나는 살이 많이 쪄서 체중이 82kg에 이르렀다.

'이대로는 안 되겠는데…….'

스스로 위기감을 느끼고 있을 때 아내가 이런 말을 건넸다.

"당신, 최근에 너무 살찐 거 아니에요? 지금 체중이 얼마나 나가요?"

가능하면 이야기하고 싶지 않은, 가급적 피하고 싶은 화젯거리에 나도 모르게 다음과 같이 얼버무리고 말았다.

"최근에 좀 쪄서 이제 막 80kg을 넘었지 뭐야……."

이 답변에서 어렴풋이 짐작할 수 있는 건 본질에서 눈을 회피하는, 소위 '도망치는 자세'다. "이제 막 80kg을 넘었다"는 건 거짓말은 아니지만 그렇다고 100% 진실도 아니다. 만일 체중이 아직 80.2kg 정도였다면 타당한 표현이라 할 수 있을지 모른다. 하지만 실제로는 벌써 82kg이기 때문에 '막 넘었다'는 표현에 정확히 맞지 않는다.

그럼에도 불구하고 '막 넘었다'고 아내를 속인 건 내가 진실을 제대로 보려 하지 않았기 때문이다. 실태를 직시하지 않고 현실에서 눈을 피하려는 '도망치는 자세'가 '이제 막 80kg을 넘었다'는 답으로 여실히 드러났다.

현재의 비즈니스 세계에는 이처럼 '도망치는 자세가 현저한' 자료들이 넘쳐나고 있다. 앞서 예로 든 〈2-1〉과 〈2-2〉는 당연히 '도망치는 자세가 담긴 자료' 그 자체다. 거짓말이라곤 단언할 수 없지만 그렇다고 100% 사실도 아니다. 실태를 바르게 반영하지 않은 애매한 자료이며, 진실을 파악하는 데 꽤나 시간이 걸리는 자료다. 이러한 자료는 확실히 회사의 입장에서 죄악이나 다름없다.

부끄럽지만 나도 소프트뱅크에 입사한 뒤 실태를 속이는 자료를 만든 적이 있다. 물론 그것이 의도적이었던 건 아니지만, 가급적 드러내고 싶지 않은 숫자를 애매하게 만들어 실태를 알기 어려운 자료를 작성하고 제출했던 것이다. 어쩌면 이를 '미필적 고의'로 볼 수 있지 않을까. 하지만 내 마음을 솔직히 들여다보면 '뭔가 감추고 싶다'는 의도가 있었다는 점을 인정할 수밖에 없다. '당연하게도' 이런 잔꾀는 손정의 사장에게 절대 통용되지 않았다.

"이게 도대체 무슨 의미인가?"

손정의 사장은 거짓말 같이 애매한 부분을 찾아내 이에 대해 지적하고 나무랐다.

다이어트가 자신의 실제 체형과 체중을 심각하게 받아들이는 데서 시작되듯, 일도 현실을 바르게 보는 데서 시작된다. ==실태조차 제대로 파악하지 못하는데 어떻게 문제를 해결할 수 있을까. 문제가 해결되지 않으면 다음 단계로 갈 수 없다. 즉 '도망치는 자세'가 개선, 개량으로 이어지는 길을 스스로 막는 것이나 다름없다.==

인정하고 싶지 않은 실태, 가급적 다루고 싶지 않은 실태를 속이려는 자료를 나는 스스로의 경험에 비춰 '82kg 이론을 내세운 자료'라고 부른다. 사생활이라면 몰라도 업무에서 '82kg 이론'은 당치도 않다. 이는 결코 빠져선 안 되는, 함정 같은 사고방식을 뜻한다.

위기상황이 보인다

'도망치는 자세'를 발견한 〈2-2〉의 막대그래프를 재검토해 새로 작성한 것이 바로 도표 〈2-3〉이다. 각 거래처의 매출을 지속적인 매출과 일시적인 매출로 나눈 뒤, 이를 예산과 대비시켜 놓았다. 이는 회사별 매출이 아니라, 매출의 종류를 기준으로 숫자를 재정리한 것이다.

자, 어떤가. 이것으로 이 회사의 위기상황을 한눈에 실감할 수 있지 않은가. 이 막대그래프를 보면 일시적인 매출이 점차 증가하고 있음을 한눈에 알 수 있다. 거꾸로 아무것도 안 해도 돈이 굴러들어 오는 지속적인 매출은 매달 감소하고 있다는 점도 확인할 수 있다. 4월에는 전체 매출의 85% 이상을 점하던 지속적인 매출이 5월에 들어서자 절반 정도까지 하락, 이후 6월, 7월에는 연이어 20% 정도까지 감소했다. 그 대신 늘어난 것이 '일시적인 매출'이다.

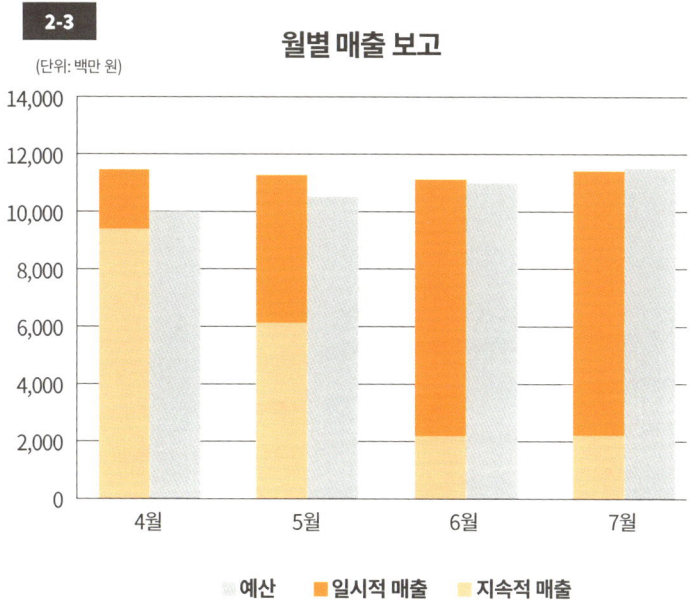

　이는 무엇을 의미할까. 영업 현장에서 일시적인 매출을 만들어 가까스로 예산에 맞춘 것이다. 5월에 지속적인 매출이 상당히 줄었기 때문에 영업사원들이 어떻게든 실적 수치만이라도 올리려는 심산에, 다른 거래처에 사정사정해 일시적인 매출을 올려 눈속임했던 것이다.

　여기서 그 내막을 밝히면, 이 보고서를 작성한 영업사원은 'D사와의 계약이 5월에 끝나면 실적이 대폭 줄어든다'는 사실을 알았기 때문에 급히 C사에 사정사정해 시스템의 위탁 계약을 맺었다. 이로써 5월, 6월, 7월 모두 실적 수치를 끌어올린 것이다.

하지만 이 C사의 매출도 불과 3개월 만에 끝나는 것으로 되어 있다. 완전한 형태의 경영 위탁이 아니었기 때문에, 이전 D사에서 거뒀던 수준의 매출을 올리기도 어렵다. 이대로 계약이 끝나면 회사로서는 운영상의 고정비를 조달할 수 없어 순식간에 적자로 돌아설 위험이 크다. 그렇게 되면 이 회사는 상당한 위기 국면에 처한다.

어떤 면에서 '현장의 영업사원들은 열심히 하고 있다'고 말할 수 있을지 모른다. 하지만 이런 임시방편적인 대책으로 일관하는 상황이 오래 지속될 리 없다. 제아무리 용을 쓴다 하더라도 그건 본질적인 의미의 성과가 아니다. 엄밀히 말하자면 '의미 없는 헛고생'일 뿐이다. 사실 그 노력조차도 점차 숨이 가빠지고 있다. 6월과 7월의 일시적인 매출액은 거의 동일하다. 일시적인 매출을 늘려 예산에 가까스로 맞추려 노력했지만, 어느새 그 노력도 한계에 달한 듯하다.

이 같은 상황에서, 만일 일시적인 매출 상승에 기여했던 고객사로부터 "더 이상 저희도 사정을 봐드릴 수 없어요" "우리도 이 이상은 무리예요" 같은 하소연이 나오기 시작하면 이 회사는 어떻게 될까. 그 결과는 불 보듯 뻔하다.

아마 멀지 않은 시기에 이 회사의 매출은 한꺼번에 곤두박질칠 것이다. 반품률이나 돈을 떼일 확률 또한 높아질 것이다. 이러한 수치도 반드시 체크해둬야 한다.

이처럼 같은 매출 보고서지만 문제점을 파악할 수 없던 〈2-2〉와 달리, 〈2-3〉은 '현재 이 회사가 매우 힘든 상황에 처했다'는 사실을 여실히 드러내고 있다.

중요한 건 방향이다

그렇다면 이 회사는 어떻게 해야 할까. 문제 해결을 위해 어디서, 어떤 수를 내는 게 좋을까.

한마디로 '고정적인 매출 확보에 전력투구해야 한다'. 영업사원은 C사에서 3개월간의 시스템 위탁 계약을 따낼 때, 개발비를 낮추는 대신 매달 관리를 의뢰받는 방향으로 교섭해야 한다. 만일 일시적인 매출 확보만을 위해 분주하지 말고 장기적인 관점에 따라 영업을 관리하는 등 별도의 대응을 한다면 그 결과는 크게 달라질 것이다.

==영업사원이 실적을 올리기 위해 노력하는 것 자체는 결코 나쁘지 않다. 문제는 '어떤 방향인가' 하는 점이다. 목표가 아닌 지점을 향해 달리는 건 무의미하다. 목표는 '매출을 안정적으로 확보하는 것'이다. 고정적인 매출과 일시적인 매출로 나눠 매출 보고서를 만들어야 하는 의미가 바로 여기에 있다.==

내가 컨설턴트로 일하는 회사에서도 이와 비슷한 사례를 접하곤 한다. 신규 사업을 런칭했는데, 매출이 생각대로 늘지 않고 매달 매출이 늘거나 주는 고무줄 현상이 반복되는 것이다. 나는 1년 정도 상황을 지켜봤지만, 크게 개선될 기미가 없었던 한 시스템 회사의 매출을 형태별로 분해해봤다.

그러자 문제점을 금세 파악할 수 있었다. 막 시작된 신규 서비스 사업에서 일시적인 매출이 계속 만들어지고 있다는 사실이 드러났다. 고객사가 지속적으로 그 서비스를 사용하도록 해야 하는데, 현장에서는 일단 초기에 들인 투자 비용부터 뽑으려는 단발적인 본전 유혹에 빠진 것이다.

문제점을 파악한 후 그 회사는 '새로운 서비스를 개발하고, 매달 월간 이용료를 받는 비즈니스'로 업무의 방향을 바꿨다. 그러자 금세 결과가 나왔다. 편차가 심하던 사업이 안정적으로 돌아가기 시작한 것이다.

이처럼 신규 고객을 획득할 때 일시적인 매출 확보로 내달리고, 초기 비용부터 뽑으려는 마음에 지속적인 매출을 이어가지 못하는 경우가 의외로 많다. '처음에는 이 정도 들지만 이후부터는 무료입니다' 같은 영업 스타일이 대표적인 사례. 무엇보다 여기에는 장기적인 시점이 결여되어 있다. 이는 눈앞의 이익을 얻기 위해 장래 이익을 버리는 행위나 마찬가지다.

만일 부하 직원이 그런 매출 상승 방안을 가져오면 상사는 즉시 중단시켜야 한다. 무작정 처음에 매출을 많이 올리기보다, 장기적으로 매출을 지속할 수 있는 형태가 훨씬 건전하고 현명하다. 오히려 유지 보수 부문을 강화해, 처음에는 무료로 시작하더라도 고객을 많이 끌어들여 이들을 오래 유지해가는 편이 훨씬 낫다.

무턱대고 일시적인 숫자에 집착하다 보면 연체, 혹은 체납하는 경우도 많아진다. 바로 얻을 수 있는 매출 유혹에 빠져 어음 확인을 게을리하다 보면 어느새 뼈아픈더 나아가 치명적인 결과를 맞이할 공산이 크다.

매출에는
고유의 색이 있다!

여기에서는 매출 보고서의 작성 포인트에 대해 정리해보자.

매출 보고서, 바로 이것이 작성의 포인트다!	
포인트 1	매출을 지속성의 관점으로 나눠 인식한다.
포인트 2	장래를 예상할 수 있도록 막대그래프로 시계열상의 변화를 살펴본다.
포인트 3	백분율 수치와 실제 수치를 모두 기입한다.
포인트 4	기본은 '원 슬라이드, 원 메시지'로 표현한다.
포인트 5	개별적인 숫자보다 합계 숫자를 반드시 낸다.

포인트 1처럼 일시적인 매출과 지속적인 매출을 구분하는 건 매출 보고서를 정리할 때 가장 중요한 포인트 중 하나다. 흔히 매출에는 '고유의 색'이 있다고들 한다. 우리는 회사에게 플러스가 되는 색과 보기에는 나쁘지 않지만 장기적으로는 회사에 마이너스 요소가 되는 색, 이렇게 2가지 색을 각각 볼 수 있는 보고서를 작성해야 한다.

우수한 보고서를 만드는 건 도수가 잘 맞는 안경을 제작하는 것과 같다. 도수가 맞지 않는 안경으로는 결코 실태를 제대로 볼 수 없다. 경우에 따라 잘못된 해석으로 정반대의 결과를 초래할 위험성이 있으며, 같은 숫자조차 다르게 보이도록 만든다.

실태를 정확히 볼 수 있다면 회사를 변화시킬 힌트도 그만큼 정확히 얻을 수 있다. 우수한 보고서는 회사가 보다 좋은 방향으로 발전해가기 위한 첫걸음이다.

사원이 없어도
회사가 돌아가는 구조를 만든다

과연 '매출은 오르면 오를수록 좋고, 예산은 일정 수준에 맞추기만 하면 좋은 것'일까. 아니다. 우선은 '회사가 지향하는 방향을 알고 지속적인 매출을 만드는 게 중요하다'는 점만큼은 반드시 기억해뒀으면 한다. 고정적으로 들어오는 매출이

==있으면 가령 사원의 5분의 1만 출근해도 회사가 큰 문제없이 돌아가면서도 반드시 성장할 수 있다. 나머지 5분의 4가 새로운 사업에 전념해 가외(매외) 수익을 올릴 수 있는 기회를 마련할 수 있기 때문이다.==

만일 모두가 아침부터 저녁까지 일시적인 매출만을 위해 분주하다면, 어딘가에서 반드시 문제가 발생하게 된다. 이렇게 무리한 상태를 오래 지속할 수는 없다. 이는 잘 안 되는 회사들의 전형적인 모습이기도 하다.

소프트뱅크가 지금 같은 대기업으로 성장할 수 있었던 건 항시 플랫폼 사업을 구축해왔기 때문이다. 야후BB, 야후 오크(야후 재팬이 제공하는 인터넷 옥션 서비스) 모두 개별 이용자에게서 들어오는 금액이 결코 대단한 수준은 아니다. 하지만 일정 금액씩 꾸준히 들어온다는 점에서는 특별하다. 적어도 일정 기간 동안에는 반드시, 그리고 계속 들어온다. 바로 이것이 소프트뱅크가 갖는 강점의 원천이자 성장의 근간이다.

2단계
윗선의 관점에서 가설을 세워라

매출 보고서로 이야기를 돌려보자. 이때 날것 그대로의 데이터를 그저 엑셀로 가공시킨 보고서는 아무런 도움이 되지 않는다는 점을 꼭 밝혀두고 싶다.

현재 일본의 대다수 기업들은, 소위 '엑셀에 대한 과도한 믿음'이 뿌리 깊어 엑셀 프로그램을 통한 자료 제작에 과도한 열정과 수고를 쏟아붓고 있다. 이 중 대다수의 경우, 그 목적과 수단이 뒤바뀌어 있다.

빼곡하게 숫자로 채워진 데이터는 그저 자료에 지나지 않는다. 중요한 것은 왜 자료를 만드는지, 그 목적을 정확히 아는 것이다. 목적에 따라 자료를 만드는 게 먼저임에도 불구하고, 많은 사람들이 엑셀 사용 자체를 목적으로 삼고 있다. 부디 이 같은 현상만큼은 절대로 피했으면 한다.

만일 회사에서 엑셀을 통한 데이터 작성을 요구한다면, 담당자는 플러스 알파로 별도의 보고서를 만들었으면 한다. 이때 평사원이라면 과장, 대리라면 부장이라는 2단계 윗선의 관점에서 보고서를 작성하는 게 중요하다. 보고서를 만드는 시점이 평사원, 혹은 부하 직원의 포지션에 머물다 보면 앞서 이야기한 '82kg 이론'에 빠지기 쉽다.

그렇다면 부하 직원들이 두려워하는 건 무엇일까. 사업 악화? 경영상의 타격? 아니다. 부하 직원들에게 경영 문제는 그저 먼 이야기일 뿐이다. 이들이 가장 피하고 싶은 건 그저 자신이 담당한 안건에서 문제가 발생해 상사에게 질책을 받는 것, 즉 자신이 책임을 추궁당하는 경우다.

그래서 자기도 모르게 일단 그 자리, 그 상황만 벗어나려고 노력한다. '82kg 이론'은 언뜻 문제없는 듯이 보이는 무난한 보고서만을 양산한다. 이것이 결국 본질이나 실상과 다른 보고서라는, 보다 근원적인 문제를 초래한다는 점은 앞서 이야기한 대로다.

단지 오늘만을 위한 자료 작성은 백해무익하다

하지만 이는 회사의 입장에서 꽤나 중차대한 문제다. 실태를 속여 보고서를 만들면 문제를 방치하는 것이나 다름없다. 그렇게 애매한 보고서가 연이어 나온다면 문제점은 더욱 커지고, 언젠가부터 사태는 걷잡을 수 없이 악화된다. 심할 때는 경영상 치명타를 입히기도 한다.

그렇게 되지 않게끔 하는 것이 바로 '상사의 역할'이다. 사실 부하 직원은 책임의 무게가 상사에 비해 가벼운 편이다. 그래서 더더욱 상사는 항상 본질을 응시하고 문제점을 명확히 드러내는 보고서를 만들어야 한다. 왜냐하면 그렇지 않을 때 온전히 책임을 져야 할 입장이기 때문이다.

==자신이 속한 조직의 장기적인 성장에 공헌하려는 마음가짐만 있으면 결코 애매한 보고서를 만들지 않을 것이다. 이때 중요한 건 보고서 작성의 관점이나 포지션을 '부하 직원에서 상사로' 옮기는==

==것이다. 그렇게 하면 시선의 위치가 높아지고, 본질적인 문제가 한층 명확하게 드러난다. 즉 실태를 드러내 문제점을 추출하고 그 다음 단계로 이어나갈 수 있는, 유효한 보고서를 만들 수 있다.==

이런 이야기를 하고 있는 나 자신도 이전에는 '포지션을 옮긴다'는 생각을 갖지 못했다. 그저 윗선에게 혼만 안 나면 된다는 식의 속 좁은 마음으로 보고서를 만들었다. 하지만 소프트뱅크식 보고서 작성법을 익힌 후부터는 항상 시점을 윗선에 두고 있다. 윗선의 관점대로 행동하는 건 결코 좋지 않지만 보고서를 작성할 때만큼은 충분히 유용하다.

시키는 일만 하는 게 아니라, 다른 사람들과 차별화된 방식으로 일했으면 좋겠다. 단지 오늘만을 위해서가 아니라, 회사 발전에 공헌해 출세하고 싶다는 생각만 있어도 윗사람이 필요로 하는 보고서를 충분히 만들어낼 수 있다. 결코 도망치는 듯한 보고서를 만들어서는 안 된다.

이때 필요한 건 '가설에 기초해 문제 해결로 이어지는 보고서 작성'이다. 매달 영업사원들이 분주하게 움직임에도 불구하고 왜 매출이 오르지 않는지 의문이 생기면 '아마 일시적인 매출을 좇고 있을 것'이라는 가설을 세울 수 있다.

소프트뱅크에서는 날것 그대로의 데이터를 가공하는 데 머물지 않고 가설을 세워 '매출이 일시적인 것인지, 아니면 지속적인 것인지'를 나눔으로써 그 실태를 명확히 파악할 수 있었다. 가설을 세우더라도 무엇이 맞는지 100% 정확히 알기란 어렵다. 그저 여러 가지를 만들어보고 가장 잘 맞는 사안을 보고서 내용으로 삼으면 된다.

이기는 보고서 3

요인 분석 보고서

개선을 요구할 때 가장 설득력 있는 방법

인과관계를 찾으면
비용도 줄일 수 있다

어떤 사안에는 반드시 인과관계가 존재한다. 어떤 원인이 있기 때문에 반드시 결과가 나타난다. 이 관계를 밝히면 빠른 시일 안에 문제를 해결할 수 있고 그만큼 개선책도 세우기 쉽다. 그렇다면 어떻게 인과관계를 찾으면 좋을까. 이기는 보고서 3에서는 원인과 결과를 파악할 수 있는 효과적인 차트 만들기에 대해 이야기해보자.

어느 보험사의 콜센터에 들어온 콜 수 추이를 보여주는 그래프를 예로 들어보자. 보험사에서는 실제 오프라인 점포를 개설하는 것 이외에도 웹상에서의 모객에 힘을 쏟아 의료 보험, 자동차 보험 등의 상품을 판매하고 있다.

보험 상품을 구입한 고객에게는 연 3회 레터를 발송하는데, 그 내용은 운용 현황의 알림, 신규 상품의 안내 등 꽤 다양하다. 발송 시기는 대충 결정되어 있는데 레터 A는 6월에서 9월 사이, 레터 B는 11월부터 이듬해 1월, 레터 C는 1월부터 3월에 걸쳐 발송된다.

3-1 콜센터의 콜 수 연간 추이
(단위: 만 건)

　레터를 발송하면 그것을 읽은 고객에게서 걸려오는 콜 수가 평소보다 많아진다. 이 변화를 시계열상의 흐름에 따라 꺾은선그래프로 그린 것이 바로 도표 〈3-1〉이다.

　이 도표를 보고 인과관계를 파악할 수 있을까. 적어도 나에게는 무리다. '레터를 보내면 콜 수가 증가한다'는 사실 정도는 알 수 있지만 각각의 레터에 따라 '콜 수가 어느 정도 증가했는지, 또 그 발생률이 얼마나 되는지'는 여기서 파악할 수 없다.

　'레터와 콜 수 사이의 인과관계'를 파악하면 상담원 수를 조정해 궁극적으로 비용 절감도 가능해진다. 하지만 이 도표는 그저 막연한 수치를 꺾은선그래프로 표현했을 뿐이다. 이는 수중의 숫자를 효과적으로 차트화하지 못한 사례라고 볼 수 있다.

누적그래프로
요인을 찾아라

이 도표의 가장 큰 문제점은 '꺾은선그래프'로 가공되었다는 점이다. 콜의 발생 원인과 결과를 연결하기 위해서라면 꺾은선그래프만으로는 역부족이다. 그래프라고 해서 무조건 다 좋을 리가 없다. 그보다는 목적에 합치된 그래프를 선택하는 것이 중요하다.

꺾은선그래프에 말풍선을 활용해 콜의 발생 원인 수와 발생률을 기입해보자. 도표 〈3-2〉를 보면 이 콜센터에는 100만 통 발송한 레터 A의 콜 발생률이 5%, 200만 통 발송한 레터 B의 콜 발생률이 5%, 100만 통 발송한 레터 C의 콜 발생률이 11%에 달했다.

이로써 레터 C의 콜 발생률이 유독 높은 점이 일목요연해졌다. 여기서 콜 발생률이 늘어난 이유를 추리해보자. 왜 7월, 12월, 2월에는 콜 발생률이 늘고, 그중에서도 2월이 유독 많았을까.

이런 의문이야말로 문제 해결을 위해 중요한 첫걸음이다. 의문이 생기면 다음 액션은 한층 더 명확해진다. 2월에 보낸 레터 C와 7월에 보낸 레터 A, 12월에 보낸 레터 B와의 차이를 아는 것이 급

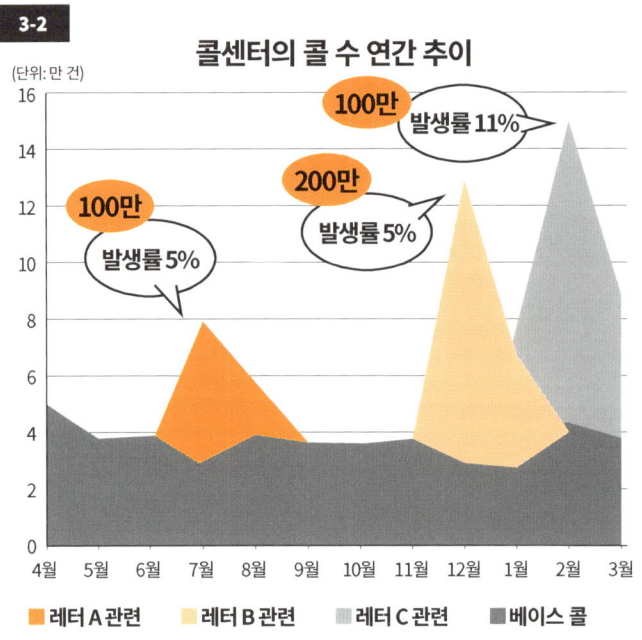

선무다.

그 차이는 레터의 테마나 표현, 혹은 요일처럼 보내는 타이밍에 불과할지 모른다. 도대체 레터 C의 어떤 요인이 그만큼이나 많은 콜 수를 끌어올린 것일까. 그 차이의 근원을 찾는 것이 중요하다. 왜냐하면 그 결과를 다음 레터에 반영하면 상담원들도 사전에 충분히 준비할 수 있고, 콜 수를 줄여 비용 절감도 가능해지기 때문이다.

베이스 콜은
면밀하게 범주화하라

　　　　　　　　　　이 같은 누적그래프를 유효하게 기능하도록 만들기 위해서는 무엇보다 매일매일 이뤄지는 베이스 콜(Base Call)을 관리해야 한다. 여기서 '베이스 콜'이란 '일상적으로 걸려오는 전화'를 지칭한다. 뭔가 특별한 액션을 취하지 않아도 매일매일 걸려오는 전화 말이다.

　주말 동안 충분히 생각하고 나서 전화를 거는 사람이 늘었기 때문인지, 월요일 아침에는 상대적으로 콜 수가 많아진다. 그리고 밤 10~11시 시간대에도 콜 수가 다소 늘어난다. 이처럼 요일이나 시간대별로 다소간의 차이는 있지만, 1년을 놓고 보면 베이스 콜은 거의 안정된 숫자임을 알 수 있다.

　이 콜센터에서는 베이스 콜의 내용이 어떤 카테고리에 속하는지를 먼저 확인한 뒤, 시스템이나 운행일지에 표기하도록 상담원들에게 지시했다. 이를 통해 베이스 콜과 레터 발송에 의한 비정기적인 콜을 구별하는 게 가능해졌다. 상담원이 일상적인 콜을 면밀히 범주화해두지 않으면 비정기적인 콜과 베이스 콜이 뒤섞이게 되므로 각별한 주의가 필요하다.

　다음 항목에 요인 분석 보고서의 작성 포인트를 정리해뒀다.

요인 분석 보고서, 바로 이것이 작성의 포인트다!	
포인트 1	콜의 발생 원인과 연결한다.
포인트 2	꺾은선그래프가 아니라, 누적그래프를 통해 콜의 발생 원인별로 표시한다.
포인트 3	말풍선으로 콜의 발생 원인 수와 발생률을 기입한다.

원인과 결과를
이해할 수 있다

누적그래프가 주는 이점은 여러 가지가 있다. 가장 중요한 것은 '원인과 결과를 이해할 수 있다'는 점이다.

똑같이 레터를 보냈음에도 불구하고, 콜 발생률에 이 정도로 차이가 나는 건 레터의 내용 때문이라고 볼 수 있다. 그렇다면 그 원인이란 무엇일까. 서면상으로 이해하기 어려웠던 것일까. 아니면 고객의 마음을 교란시킬 만한 어떤 특정 표현이 많았던 것일까. 혹은 다른 레터의 내용이 단지 알림 수준에 그쳤던 건 아닐까. 이 같은 비교 검토를 통해 콜 발생률이 높은 주요인에 보다 가까워질 수 있다.

앞서도 이야기했듯, 내가 업무 개선을 추진 중인 일본연금기구에서도 마찬가지로 콜 발생률과 요인 분석을 실시하고 있다. '연금 특별편'을 발송하면 반드시 콜이 증가한다. 하지만 그 증가 이유에는 다소 차이가 있다. 예를 들어 '받게 되는 연금액이 바뀐다'는 취지의 레터를 발송하면 콜 수는 엄청나게 급증한다.

여기에서 떠오르는 건 '금전적인 내용을 담은 레터 발송이 콜 수를 엄청나게 끌어올린다'는 가설이다. 보고서를 만들 때에는 '특정 액션과 콜 수 사이에 어떤 인과관계가 있기 때문'이라는 가설을 세우는 게 중요하다.

이 중 결과를 자신들이 컨트롤할 수 없는 케이스는 예외로 둔다. 이 경우에는 인과관계에서 어떤 대책을 세울 수 없고, 단지 결과론으로 끝나버리기 때문이다. 따라서 레터처럼 직접 컨트롤할 수 있는 경우에 한해서만 가설은 유효하게 작용한다.

윗선에
불평하는 소재가 된다

요인 분석 보고서의 이점 중 또 하나는 '강 하구(회사의 아랫선)에서 상류(회사의 윗선)로 개선 요구사항을 들이밀 수 있다'는 점이다. 상부에 '이 부분을 개선했으면 한다' '이 시스템을 정비했으면 한다'처럼 어떤 불평거리를 공식적으로 제기할 수 있는 것이다.

야후BB의 콜센터가 그랬다. 당초 이용자들에게서 엄청나게 클레임이 쇄도해 야후BB는 상담원, 임직원 할 것 없이 정신적으로 큰 타격을 받았다. 심적으로 극도의 긴장과 불안 상태에 처한 것이다.

이용자들이 '접속이 안 된다' '품질이 나쁘다'고 버럭 화를 내면, 그것을 위에 그대로 전해도 문제가 해결되지 않았다. 그로 인해 현장에서는 의기소침해지고 마음에 상처를 받은 사람만 더욱 늘어났다. 담당 부장 역시 여기저기서 하도 얻어맞아²⁾ 마치 다운 직전의 그로기 상태 같았다.

하지만 문제는 콜센터에 있지 않다. 사실 콜센터는 고객에게 걸려오는 문의나 클레임을 받는 일개 부서에 지나지 않는다. 고객이 콜센터에 클레임을 거는 진짜 이유는 회사 내부, 그러니까 '콜센터 외 다른 쪽'에 있다. 그저 업무상의 역할 탓에 회사에 대한 불만이 콜센터로 전가되어 콜센터가 총알받이가 되었을 뿐이다.

거기에서 나는 고객 지원업무의 책임자로서 '콜센터가 악역 취급을 받는 상황'을 타파하기 위해 노력했다. 콜센터에 클레임이 쇄도하자, 세간에는 '상담원의 대응이 나빴기 때문'이라든가 '상담원이 기분 나쁘게 했기 때문'이라는 목소리도 높아졌다. 하지만 실상은 전혀 그렇지 않다. 설령 서로 얼굴을 붉혔다 해도 '어떤 원인이 있기 때문에' 상담원이 고객과 싸웠을 것이다.

클레임을 줄이고 콜이 쏟아지는 사태를 해소해, 이 업무와 관련된 이들의 정신적 고충을 해소하고 싶었다. 이를 위해서는 결국 그 원인을 찾아 제거하는 수밖에 없었다. 이때 큰 효력을 발휘한 것이 여기에서 소개하는 '누적그래프'다.

개선 요구는
하나로 좁힌다

야후BB의 경우 각 공정마다 문의 내용을 확인한 결과 '모뎀 설치에 관한 클레임이 유독 많다'는 점이 드러났다. 더 찾아보니 '모뎀의 설명서를 이해하기 어렵다' '모뎀 램프의 사양이 제품마다 조금씩 다르다'는 등 문제의 실태가 한층 더 명확해졌다.

여기에서 나는 요인 분석 보고서를 작성해, 이를 근거로 "모뎀 관련 클레임만 줄어도 콜 발생률을 5%에서 4%로 줄일 수 있다"고 말했다. 더 나아가 '모뎀 제조사에 개선을 요청하자'는 뜻을 윗선에 제출해 이를 실현시켰고 실제 콜 발생률이 감소했다.

아랫선에서 윗선을 움직이기란 결코 쉽지 않다. 하지만 문제를 일으킨 요인을 정확히 인식하면 윗선의 생각도 달라진다. 다만 문제 요인을 10가지씩 늘어놓고 '전부 다 해결해 달라'고 해봐야 위에서는 쉽게 움직이지 않는다. 누적그래프에 따라 무엇이 원인인지를 파악한 요인 분석 보고서를 작성한 뒤 '최소 제일 중요한 이것만큼은 반드시 해결해주십시오'라고 요구해야 한다. 바로 이것이 포인트다.

==하이라이트== 요청 건수는 '한 번에 하나'라는 점을 명심하자. 여러 가지를 한 번에 요청하면 관심이 분산되는 만큼 제대로 된 대처가 어렵지만, 만일 요청이 하나라면 해결도 그만큼 쉬워진다. 인과관계를 분석해 요인 분석 보고서를 제출한다. 이 과정의 연속성이 문제 해결에 크게 공헌한다.==

수치화하면
사람은 움직인다

윗선을 움직이기 위해서는 '수치화'하는 것도 중요하다.

단순히 "이런 클레임이 왔다"고 보고하면 윗선에서는 별 반응을 보이지 않는다. 어디서부터 손을 대야 할지도 판단이 서지 않고, 그 문제의 중요성 자체를 쉽게 이해할 수 없기 때문이다. 그러다가는 "어쩔 수 없다"거나 "앞으로 조심하자"는 이야기 정도로 상황이 끝나버릴지도 모른다.

그래서는 결코 아무것도 달라지지 않는다. '중요한 건 어떤 클레임이 몇 건 들어왔는지'를 명확히 밝혀 '만일 10만 콜이 오면 회사가 약 10억 원을 낭비하게 된다'는 식으로 수치화된 주장을 하는 것이 중요하다.

내 경험에 따르면, 문제를 돈으로 환산해야 비로소 윗선이 각성하고 이해를 하기 시작한다. 아래쪽의 콜센터로 흘러들어오는 쓰레기, 즉 회사의 문제점을 낱낱이 확인한 뒤 이를 해결하기 위해 수치화가 필요한 것이다.

야후BB의 콜센터에서는 1콜당 비용을 감안했을 때 '5%의 콜 발생률을 4%로 줄이면 매달 4억 원에 가까운 비용을 줄일 수 있다'는 사실을 알아냈다. 이렇게 수치가 명확해지면 논의하기도 그만큼 쉬워진다. '매달 4억 원'이라는 숫자가 꽤 임팩트가 있었기 때문에 윗선을 움직이기에도 충분했다. 그 정도로 큰 금액을 줄일 수 있기 때문에 '모뎀 관련 클레임을 해소하기 위해 모뎀을 움직이는 펌웨어(Firmware, 컴퓨터 등의 하드웨어에 내장된 소프트웨어의 일종)를 개선했으면 좋겠다'는 요구도 훨씬 내밀기 쉬워졌다.

그런 근거도 없이, 단지 '펌웨어를 개선하자'고 아무리 떠들어봐야 효과는 크지 않다. 사람을 움직이는 건 '명확한 숫자'다. ROI(Return On Investment, 투자 자본에 의해 얻을 수 있는 이익의 비율)까지 세밀한 개념은 아니더라도 '여기에 투자하면 이 정도의 수익(비용 절감 등의 효과 포함)을 올릴 수 있다'는 정도의 설득은 꽤나 효과적이다.

또 야후BB의 콜센터에서는 신청에서 과금까지의 프로세스를 총 13개 유닛으로 나눠 관리한다. 이를 통해 이용자들에게 걸려오는 콜을 IVR(Interactive Voice Response, 음성에 의한 자동응답시스템)이 13개 유닛으로 할당한다. 그리고 각 유닛마다 응답 매뉴얼을 작성해 콜 내용을 다시 400개 정도의 세부항목으로 나눈다. 이때 콜에서 점하는 비율에 기초해 우선순위를 매긴 뒤, 그 정보를 관련 부서로 즉각 피드백한다.

이에 따라 콜센터에 들어오는 콜 수가 급속히 줄어들었다. 고객을 기존 고객과 신규 고객으로 나눠 관리한 결과 기존 고객의 콜은 16%에서 10%로, 신규 고객의 콜은 보통 2번 걸려오는 200% 수준에서 180%까지 줄일 수 있었다. 이로써 절감 가능한 비용은 약 10%! 결코 적지 않은 수확이었다.

'연금특별편'의 일괄 배송이 초래한 이상 사태

일본연금기구에서도 비용 대비 효과를 명확한 수치로 만들어 콜센터 업무를 개선했다. 예전에 사회보험청의 '연금 안심 다이얼'은 전화를 몇 번씩이나 걸어도 받지 않아 국민들에게 엄청난 비판을 받고 사회문제로까지 커졌다.

실제로 당시 콜센터에서 걸려온 전화에 응대할 수 있는 비율은 엄청 낮았다. 수치로 보자면 기껏해야 10%도 안 되는 수준이었다. 클레임이 나오는 게 너무도 당연한 상황이었다. 하지만 현재는 90%가 넘는 수준을 보이고 있다. 도대체 어떤 계기로 이 같은 극적인 변화가 시작되었을까.

해당 업무의 담당자로서 이 문제 해결에 몰두해온 나는 일단 지극히 낮은 응대 비율의 원인부터 조사했다. 그러자 상상조차 할 수 없었던 '전근대적인 업무 실태'가 밝혀졌다. 그중 하나가 '연금특별편'을 비롯한 레터를 특정일에 집중 발송하는 것이었다. 이는 굉장히 공무원스러운 행동인데, 담당자들이 현장 쪽의 사정을 고려하지 않은 채 레터를 일괄 발송했던 것이다. 지극히 자신들의 편의만을 고려한 결과였다.

  이러다 보니 전화가 한 시기에 집중되는 것도 결코 무리는 아니었다. 레터 내용에 대해 확인하고 싶은 이들이 동시다발적으로 콜센터에 전화를 걸어 통화가 거의 연결되지 않았다. 그럴 때 사람들은 대개 몇 번이고 다시 전화를 건다. 대부분의 사람이 평균 3번씩은 다시 걸었기 때문에 이 콜 수만 단순 계산해도 평소의 무려 3배에 이르렀다.

  응대 비율의 분모는 '걸려온 콜 수'이므로, 연결되지 않으면 분모는 계속 늘어난다. 전화가 연결되어 상담원과 이야기할 수 있는 경우 응대 비율은 대략 80% 정도 되지만, 이 숫자가 70%대로만 떨어져도 사람들은 기다리지 못한 채 계속 전화를 다시 건다. 결과적으로 순식간에 응대 비율이 20% 이하까지 떨어져버리는 것이다.

집중 해소에도
도움이 된다

                  이에 대한 해결책으로 나는 콜센터의 업무 부하를 고려해 레터 발송 날짜를 분산시켰다. 콜센터의 인원을 특정 기간에만 한정시켜 채용하기는 어렵다. 아무리 이 시기에 대량의 콜이 예상된다 해도 그 시기에만 사람을 늘리고 한산할 때 줄이는 건 곤란하다. 상담원을 채용하는 비용이 막대하게 들지만 당장 현장에 투입할 수 없기 때문에 트레이닝도 해야 한다. 당연히 여기에도 시간과 비용이 발생한다. 인원 증감에 맞춰 콜센터의 입지 규모를 조정하는 것 역시 거의 불가능하다.

  결국 현재 인원으로 무리 없이 전화에 응대할 수 있도록, 들어오는 콜을 적절히 컨트롤할 수밖에 없다. 그래서 수신자들의 반응을 보면서 매일 조금씩 레터를 발송하는 방법으로 바꿨다. 이것이 가장 현실적이면서도 합리적인 방법이라 여겼기 때문이다.

  또 여기에 하나 더 하자면 레터의 내용도 전면적으로 재검토했다. 당시 보낸 레터에는 법률 용어가 많아 일반인들이 이해하기가 어려웠다. 콜센터가 대응할 때 상당한 시간이 걸리는 것도 바로 이 때문이었다. 레터가 읽는 쪽의 입장에서 어렵고 이 때문에 대응하는 콜센터도 힘들어진다는 사실을 알게 된 것도 모두 요인 분석 보고서 덕이었다.

  발송 시기의 재검토와 내용 개선, 바로 이 2가지 변화를 통해 응답 비율은 비약적으로 개선되었다. 이처럼 요인 분석 보고서는 경영상 적지 않은 효용을 준다.

요인 분석 보고서, 바로 이것이 경영상의 이점이다!	
이점 1	원인과 결과를 이해할 수 있다.
이점 2	윗선에 개선을 요구할 수 있다.
이점 3	수치화에 따라 우선순위가 명확해진다.
이점 4	이미지상 뭔가를 개선하는 척하고 있는 상황에서 개선의 비용 대비 효과를 계산할 수 있다.
이점 5	집중 해소에 대해 논의할 수 있다.

경영상 가장 안 좋은 건 구체성이 결여된 채 '어쨌거나' 혹은 '그냥 상황에 따라, 아무 계획성 없이' 이뤄지는 개선이다. 사실 그건 개선이라고 말하기조차 힘들다.

인과관계를 아는 것이야말로 개선을 위해 중요한 첫걸음이다. 조금 오래 걸리는 것처럼 보여도 결과적으로는 그게 문제 해결의 지름길이 된다는 사실을 반드시 명심하자.

이기는 보고서 4

회의의사록

A4지 1장으로 한눈에 파악할 수 있게 만든다

의사록은
'읽지 않으면 헛방'!

　　　　　　　　회의가 종료된 뒤 내용을 정리해 사내에서 회람하는 회의의사록. 이는 회의에서 결정되었거나 결정되지 않은 사안, 또 앞으로 해야 할 과제 등을 담은 귀중한 자료다. 그런데 어째서인지 대부분의 사람들은 이를 제대로 읽지 않고 대충 지나치는 경우가 많다.

　'꼭 읽어야 한다'고 생각하면서도 한편으로는 읽을 마음이 별로 없다. 봐두지 않으면 안 될 것 같아서 일단 보긴 보는데, 충분히 내용을 검토하지 않는다. 왜일까? 바로 회의의사록 작성법에 문제가 있기 때문이다. 기본적으로 회의의사록이란 '읽지 않으면 헛방'이다. 읽어야 비로소 의미가 있으며, 읽지 않으면 아무런 가치가 없다.

　사람들이 회의의사록을 잘 읽지 않는 이유는 간단하다. '읽을 가치를 느끼지 못하기 때문'이다. 사업을 원활히 진행시키거나 자신의 업무에서 반드시 알아야 할 회의의사록이라면 누구든 제대로 읽을 것이다.

여기에서는 사람들이 잘 읽는 회의의사록, 읽고 싶어지는 회의의사록을 만들기 위한 사고나 노하우를 소개한다.

회의의사록을 작성할 때 필수적인 건 '프로젝트 관리형 사고'다. 프로젝트 관리(Project Management)란 '주어진 목표를 달성하기 위해 인재와 비용, 설비, 물자, 일정 등을 조정하고 전체의 진척상황 등을 관리하는 것'을 말한다. 이 기법을 활용한 회의의사록이라면 업종, 규모를 불문하고 거의 모든 기업에 응용할 수 있다. IT기업이나 벤처기업, 혹은 중소기업이나 대기업 모두 해당된다.

또 경영회의, 중역회의, 부문 정례회의, 예산회의, 진척상황의 보고회 등 테마가 무엇이든, 출석자가 누구든, 거의 모든 회의에 적용 가능하다. 가히 무적이라 할 수 있는 회의의사록, 바로 그 자체가 '프로젝트 관리형 사고'의 시작이다.

A4지 사이즈로
양식화하라

프로젝트 관리형 회의의사록의 첫 단계는 '양식화'다.

이렇게 말하면 '우리 회사는 독자적으로 정해진 양식이 있는데……' 같은 반론이 나올지 모른다. 하지만 최근에는 이직자가 많고, 기업 간의 인수 합병 등으로 출신 기업이 다른 사원들이 매우 많기 때문에 실상 일률적으로 정해진 양식은 거의 없다. 따라서 각자 나름대로의 방식으로 회의의사록을 정리하는 게 대부분이다.

이직자들이 적었던 시절에는 선배에게 회의의사록의 작성법이나 노하우 등을 배워, 나름대로의 정형화된 양식을 가진 회사가 많았을지 모르지만 그런 시대는 이미 지났다. 회사가 출신이 다른 이들의 집합체가 되어가고 있는 현 상황을 생각하면, 양식은 스스로, 또 주도적으로 정하는 편이 좋다.

==이때 형식은 'A4지 1장'으로 통일하자. 이 사이즈라면 딱 봤을 때 한눈에 내용을 파악할 수 있다. 무엇보다 회의의사록은 빠르게 볼 수 있는 것이 가장 중요하다. 나중에 보자며 미뤄두고 싶어지는 사이즈나 분량은 의미 없다.==

최근 토요타 자동차는 보고서나 제안-기획서를 'A3지 1장'으로 정리해 업무를 개선시키고 있다. 그로 인해 재계에서는 A3지 사이즈가 새로이 각광을 받고 있지만, 나는 A3지보다 단연코 A4지를 지지한다.

결재판에 넣어도 A3지 사이즈는 반드시 한 번을 접어야 한다. A3지 사이즈를 서류로 사용해보고 싶어 하는 관청이나 회사가 적지 않지만, 볼 때마다 매번 폈다 접었다 해야 하기 때문에 불편하다. 또 무엇보다 한눈에 무엇을 썼는지 파악하기가 어렵다. 시선을 왼쪽 위에서 오른쪽 위로, 또 왼쪽 아래로 이동시키지 않으면 내용을 쉬이 파악할 수 없다. A3지는 두뇌 사용이나 시선의 이동 방향이라는 면에서 A4지보다 훨씬 더 불리하다.

대신 A4지 사이즈라면 가로든 세로든 길게 둬도 내용의 구조가 한눈에 들어온다. 어디에 무엇이 있는지 알 수 있고, 내가 원하는 정보를 바로 입수할 수 있는 건 A4지 사이즈만의 장점이다.

결재판에 접지 않고 그대로 정리가 가능한 것도 편리하다. A3지는 A4지보다 2배 큰 사이즈이지만, 효율 면에서 A3지가 오히려 A4지보다 2배 이상의 수고를 필요로 하는 것처럼 느껴진다. 또 회의의사록을 이메일로 발송해 보내는 회사가 늘고 있다는 점을 생각하면 더욱 A4지 사이즈를 추천한다. PDF로 발송된 A3지 사이즈 자료를 열면 화면상에서 글자가 매우 작아진다. 따라서 일일이 커서를 움직이며 글자를 판독해야 하기에 상당히 불편하다.

종이 문화가 거의 끝나고 있는 듯한 현 상황을 생각했을 때도 A4지 사이즈가 훨씬 유용하다. 특히 회의의사록처럼, 읽는 데 별로 시간을 들이지 않아도 되는 자료야말로 '위에서 아래로 죽 내려가면서 한 번에 이해할 수 있는' A4지 사이즈가 훨씬 좋다.

세로로
구성하자

간혹 회의의사록을 작성할 때 회의에서 나온 발언을 전부 다 담으려고 하는 경우가 있는데 이 역시 좋지 않다.

4-1

9월 영업회의 의사록

일시	2015년 9월 29일 10시~12시
장소	본사 16층 1603회의실
출석자	영업부 다니나카 부장, 동일본 블록 본부 다나카 본부장, 서일본 블록 본부 사토 본부장, 마케팅부 사나다 부장, 이시하라 계장, 영업부 야마다

의제				
각 블록별 보고	(보고) 동일본 블록 매출 138억 원 (전월 대비 5% 증가, 예산 대비 105%) 매출총이익 22억 원 (전월 대비 4% 증가, 예산 대비 103%)			
	(보고) 서일본 블록 매출 103억 원 (전월 대비 2% 증가, 예산 대비 103%) 매출총이익 12억 원 (전월 대비 1% 증가, 예산 대비 101%)			
	사항	책임자	결과	마감기한
새로운 서비스의 판매 수법	(결정) 마케팅부	사나다 부장	이용자 조사 보고	10월 20일
	(결정) 동일본 블록에서 우선 선행 발표	다나카 본부장	판매 목표를 내년 2월 기준으로 재계산	내년 2월
	(미결) 판매 촉진 캠페인	사나다 부장	광고 대행사 안으로 결정 예정	다음 영업회의

배포처	이사회 멤버 및 참가자
의사록 작성자	영업부 야마다 신지로
작성일시	2015년 9월 29일 13시

'김 부장이 이렇게 말했다. 그에 대해 이 과장은 이렇게 말했다'고 자세하게 기록된 속기록 형태의 회의의사록은 사실 좋은 의사록이라 할 수 없다. 발언 내용을 세밀하게 체크하는 데 도움이 될 수는

있지만 의사록으로서의 가치는 낮은 편이다.

회의의사록에서 중요한 건 '어떤 테마로 이야기했는지가 구조화되어 있다'는 점이다. 예를 들어 도표 〈4-1〉처럼 테마가 각 블록별 실적 보고라면 그 실적의 보고 내용을 잘 알 수 있어야 한다. 그 내용을 충분하게 이해한 뒤 어느 정도 구조화하면서 정리해가는 게 의사록 작성자의 역할이다.

여기서 말하는 '구조화'란 특별히 어려운 게 아니다. 빈틈없이 정리하는 게 아니라 항목을 세로로 죽 나열하는 것만으로도 좋다. 〈4-1〉에서는 매출과 매출총이익을 세로줄로 나열해, 한눈에 매출과 매출총이익, 전월 대비와 예산 대비 등을 알 수 있게 했다. 이때 한 번에 이해할 수 있는 비주얼이 무엇보다 중요하다.

만일 '각 블록별 보고' 항목에서 매출과 매출총이익을 따로따로 적어두면 둘의 관계가 잘 보이지 않는다. 하지만 세로줄로 나열하자, 바로 이 점부터 눈에 들어오게 된다.

==양식이 일단 정해지면 어디에 무엇이 쓰여 있는지 금세 파악할 수 있기 때문에, 자신이 필요로 하는 정보에 곧장 도달할 수 있다. 하지만 구조화되지 않아 내용이 발언순대로 죽 기재되어 있다면 뭐가 뭔지 쉽게 알 수 없다. 자신이 찾는 정보에 도달하려면 상당한 시간을 필요로 하는데, 이는 완전히 불필요한 수고다. 수고를 최대한 배제하고 효율을 높이기 위해서라도 일단 양식부터 정해두는 것이 좋다.==

또 이 회의의사록은 '각 블록별 보고의 상세 내역은 첨부 자료로 한다'는 설정이다. 블록별 보고의 세부 내용까지 회의의사록에 들어가면 너무 장황해지기 때문에 회의의사록에서 잘릴지 모른다. 앞서도 이야기했듯 배부된 회의의사록이 길면 사람들은 절대로 읽지 않는다.

보고인지 결의사항인지를
명확히 구별한다

보고와 결의사항을 명확히 하는 것도 회의의사록을 정리할 때 필수적이다. 예를 들어 판촉 캠페인을 실시할 때 그 캠페인에 대해 '지금 검토 중'이라는 이야기인지, '결정된 것'으로 보고하는 것인지, 혹은 '결의를 하고 있는 것인지' 등을 명확히 해두지 않으면 회의의사록으로서 가치가 없다.

정의가 애매한 회의의사록을 만들면 '마케팅부는 캠페인이 정해졌다고 생각하지 않았다'던가, '검토 중이라는 경과보고만 들었을 뿐, 부서로서는 정식 OK 답변을 낸 적이 없었다' 같은 이야기가 나올지 모른다.

그렇게 되지 않기 위해서라도 자신의 권한으로 정할 수 있는 거라면 '이것은 보고'라 명확히 밝혀도 좋고, 자신의 권한으로 정할 수 없는 거라면 '마케팅부나 회의 참석자의 동의, 혹은 찬성을 얻은 뒤 결정할 필요가 있다'고 기재해둬야 한다.

==가령 결의사항이었는데 그 자리에서 결의되지 않은 경우에는 반드시 '미결(未決)'로 분류해둔다. 보고인지, 결정인지, 미결인지를 반드시 의사록에 기록해야 하며 반드시 그 머리말 부분에 써둬야 한다.==

동양의 언어에는 특히 애매한 표현이 많다. 명확하게 말하지 않고 추상적인 표현을 사용한다면 '정해졌는지 혹은 안 정해졌는지' 알 수가 없게 된다. 그로 인해 '그건 어떻게 되었지?' '그것 때문에 회의를 했었나?' '그럼 결론은 또 어떻게 난 거지?' 등등 줄곧 애매모호한 상황에 빠지곤 한다.

결정 여부를 명확히 해두지 않아 발생할 수 있는 문제의 소지를 없애기 위해서라도 '보고라면 보고, 결정이라면 결정, 미결이라면 미결'로 분류해 첫머리에 써둔다. 이로써 나중에라도 진행사항이 어떻게 될지 몰라 곤란한 일이 발생하지는 않을 것이다.

〈4-1〉을 보면 '새로운 서비스의 판매 수법' 항목에서는 3가지 사항, '결정-결정-미결'이 각각 기재되어 있다. 예를 들어 '마케팅부가 사나다 부장의 책임 아래 이용자 조사 보고를 정리하기로 결정했으며, 그 마감기한이 10월 20일'이라는 점을 누구든 알 수 있게 표시해뒀다.

회의의사록만 보면 그 사안의 담당자가 해야 할 일이 누가 봐도 명확하다. 이는 담당자에게 '정해진 이상 반드시 해야 한다'고 자각시

커 아예 퇴로 자체를 끊는다. 회의의사록이란 당연히 그래야만 한다.

사실과 평가는
나눠 기록하자

'사실과 평가를 혼동하지 말자.'

이것도 회의의사록에서 매우 중요한 점이다. 예를 들어 '새로운 IT기기 전시회에서 경쟁사의 신제품 부스 앞에 사람들이 줄을 서 있고, 그중 20명 정도가 담당자에게 질문을 던져 매우 활기가 넘쳤다'는 사실을 사내 회의에서 보고한다고 치자.

이때 사실을 있는 그대로 전하고자 할 경우 '성황이었다'고 쓰면 아무런 문제가 없다. 다만 '시장에서는 매우 흥미로운 제품으로 보이는 듯하다'로 기재하면 그건 사실이 아니라 보고서 작성자의 평가가 된다. 사실의 보고가 아니라 보고서 작성자의 인상이 포함되었기 때문이다. 인상이나 평가는 반드시 사실과 구분해 써야 한다. 명확한 구별이 필요한 것이다.

'회의의사록에 감정적인 요소가 들어갈 여지가 없어야 한다'는 점을 반드시 명심하자. 개인의 감상 등을 잘못 넣으면 의사록이 점점 정서적으로 변해, 프로젝트 관리형 자세에서 멀어진다. 일어난 것, 정해진 것을 담담하게 기록하면 그걸로 충분하다.

다음까지 해둬야 할 일에 대해서는 '언제까지, 얼마의 비용으로,

이런 제품을 만든다'는 프로젝트 관리법에 따라 명확히 정리한다. 또 '다음 회의까지, 누가, 어떤 일을, 언제까지 제출해야 할지'도 의사록에 기록해둔다.

이때 반드시 '명사(동명사)화시켜 마무리하라'고 강조해두고 싶다. 〈4-1〉에는 '이용자 조사 보고' '마감기한 10월 20일'이라 썼지만, 이를 '이용자 조사를 한다'는 표현으로 바꾼다면 어떻게 될까.

'이용자 조사는 실시하지만 보고까지는 필요 없을지 모른다'는 해석이 가능해져, 다음번 회의석상에서 '이용자 조사는 실시했다. 지금 자료를 세밀히 살펴보고 있는 중'이라는 식으로 내용이 달라질지 모른다. '이용자 조사 보고'까지를 기대하던 다른 멤버들은 예상이 빗나가, 사전에 짜놓은 일정 자체가 아예 뒤로 밀려버릴지 모른다. 그런 일도 충분히 일어날 수 있다.

(전부는 아니더라도) 회사원들은 자신에게 유리한 방향으로 해석해, 상황을 지나치게 안이하게 판단하는 경향이 있다. 이를 막기 위해서라도 표현은 반드시 명사로 마무리해 결과물(Output)을 명확히 정의해야 한다.

책임자나 마감기한, 결과물을 명확하게 정하자

책임자와 마감기한에 대해서도 명확히 결정

해둬야 한다.

〈4-1〉을 살펴보자. 동일본 블록에서 선행 발매를 결정했다면, 다나카 본부장은 다음번 회의까지는 내년 2월 기준의 판매 목표를 재계산해 내년 2월부터 선행 판매를 개시해야만 한다. 하나하나의 사항에 대해 책임자와 결과물, 마감기한이라는 3가지 요소를 결정해두는 게 중요하다.

우리는 '회의가 너무 많아 일이 진전되지 않는다'거나 '아침부터 밤까지 회의만 이어진 탓에 일을 할 수 없다'는 푸념을 자주 듣곤 한다. 하지만 회의가 제대로만 기능해도 그런 푸념은 절대 나오지 않을 것이다.

==짜임새 있게 회의를 하다 보면 '누가 책임자고, 언제까지를 마감기한으로 정해, 무엇을 해야 하는지'가 착착 결정된다. 그러다 보면 생산성은 확실히 올라간다. 만약 그렇지 않다면 이 3가지 요소를 명확하게 정하지 않았기 때문이다.==

아울러 회의 마지막에 잊어선 안 되는 게 바로 '회의의사록의 확인'이다. 3분으로도 충분하기 때문에 시간을 확보하고, 출석자 전원에게 회의의사록의 내용을 반드시 확인시킨다. 이때 화이트보드를 사용하는 방법도 있다. 당신이 사회와 서기를 겸하고 있는 경우, 화이트보드에 〈4-1〉의 내용을 하나씩 적는다. 그리고 그것을 별도의 누군가가 PC에 입력해 워드 파일로 배포하면, 그 자리에서 전원이 내용을 공유할 수 있다.

만일 그것이 수고라는 생각이 들면, 스마트폰 카메라로 화이트보드를 촬영해 이메일로 첨부 후 모두에게 전송해도 좋다. 또 가능 여부는 사람마다 다르겠지만, 누군가가 PC로 입력한 회의의사록을 프로젝터로 비춘 상태로 서기가 의사록을 써내려가는 것도 하나의 방법이다. 이 경우 사회 진행을 비롯해 세세한 부분까지 주의가 미치지 않기 때문에 다른 사람이 사회를 맡고, 자신은 의사록을 화면에 투영하면서 쓰는 데에만 전념하도록 한정될지 모른다.

결국 상황의 차이는 있을 뿐, 회의 장소에서 의사록을 확인하는 과정은 필수적이다. 정리한 내용에 이의가 있다면 그 자리에서 바로 추가, 수정하거나 재검토도 가능하다. 이처럼 사소한 수고 아닌 수고(?)가 회의의 질을 높인다.

배포처,
출석자도 명시한다

회의의사록의 배포처에 대해서도 반드시 명시해둬야 한다. 이는 의외로 간과되기 쉽지만, 한편으로 매우 중요한 결정사항이기도 하다. 예를 들어 자신이 지금 참석하고 있는 회의의 의사록이 이사회 멤버들에게까지 배포된다는 점을 아는 것과 모르는 것은 천양지차다. 참가자의 의식 자체가 달라질 테고 회의의 의미도 크게 달라질 것이다.

'정보를 공유할 대상이 누구인지'를 미리 알려두는 건 그래서 의미가 있다. 배포처는 사전에 반드시 정해둔다. 배포처와 마찬가지로 출석자의 이름을 써두는 것도 중요하다. 과연 관계부서 전원이 참여할지, 눈에 띄는 결석자들이 있는지, 아니면 누구를 제외할지 등…… 그런 점들이 출석자의 면면을 통해 확실히 드러난다.

만일 마케팅부의 출석이 필요한데, 마케팅부 관계자가 부재한 상태로 진행된 회의라면 사내에서는 효력이 전혀 없는 회의로 인지될 것이다. 따라서 다시 한 번 회의를 열어야 하는 수고가 필요할지도 모른다. 사내의 합의를 얻기 위해서라도 회의에 출석한 멤버들을 확실히 기록해둬야 한다.

언제 누가
이 의사록을 작성했는가

또한 회의의사록의 작성자에 대해서도 반드시 명시해둔다. 이때 소속된 부서명만이 아니라 개인의 이름을 풀네임으로 적는다.

작성자를 모르는 회의의사록은 수정도 제대로 할 수 없다. 반드시 어느 부서의 누가 작성했는지를 명확히 기재해두고, 가능하면 연락처까지 넣는다. '이 의사록에 어떤 클레임이나 문제 제기를 원하는 사람은 나에게 연락하시오, 필요하다면 언제든 수정할 수 있으니까.' 이 같은 표현이 다소 과격해 보일 수도 있지만, 그 정도의 마음가짐이나 책임감을 가지고 정리해두지 않으면 제대로 된 의사록이 만들어지기 어렵다.

언제 작성했는지 알 수 있도록 작성 일시도 기입해둬야 한다. 회의 일시는 넣지만 작성 일시가 없다면 회의의사록으로서는 불충분하다. 의사록을 회의 당일에 금세 작성해 배부하는 경우라도 그 신선도를 알리기 위해 더욱 일시 기입이 필요하다.

만일 내용을 정정하면 '언제, 누가, 어떤 부분을 정정했다'는 점을 알 수 있도록 버전 관리 역시 해야 한다. 그 경우에는 '언제 버전 1을 작성했는지'에 대해서도 기재해두는 편이 좋다.

여기에서 프로젝트 관리형 회의의사록의 작성 포인트를 정리해보았다.

이렇게 나열해보면 모두 기본적인 사항들뿐이지만, 이런 기본적인 내용조차 제대로 갖추지 못한 의사록이 많은 회사에서 넘쳐나고 있다. 이제 기본으로 다시 돌아가 무엇이 결정되었고 무엇이 결정되지 않았는지, 또 누가 언제 작성하고 누가 출석했는지를 명확히 기재한 정형화된 양식의 의사록을 작성해보자.

프로젝트 관리형 회의의사록, 바로 이것이 작성의 포인트다!	
포인트 1	양식화한다.
포인트 2	A4지 사이즈 1장으로 정리한다.

포인트 3	회사에서 정해진 양식이 있어도 조합시킬 부분은 조합한다.
포인트 4	테마를 명확하게 정한다.
포인트 5	항목을 세로줄로 나열한다.
포인트 6	보고사항과 결의사항을 나눈다.
포인트 7	결의사항은 결정사항과 미결사항으로 나눈다.
포인트 8	사실과 평가를 나눈다.
포인트 9	명사화시켜 마무리하고 숫자를 넣는다.
포인트 10	책임자와 마감기한, 결과물의 내용을 정한다.
포인트 11	의사록 내용을 회의 장소에서 확인한다.
포인트 12	배포처를 정해둔다.
포인트 13	회의 출석자를 명기해둔다.
포인트 14	작성자와 작성일시, 버전도 잊지 않고 기입한다.

서기에게는 권한을 부여한다

나는 자주 대기업들의 회의에 출석하는데 '책임자와 마감기한, 결과물의 정의를 제대로 하지 않는 경우가 정말 많다'는 점에 통감한다. 참석자 누구나 알 수 있도록 회의를 진행하는 것인데 실상 참석자가 거기에서 결정된 내용을 잘 모르는 경우가 왕왕 있다. '무엇이 정해졌고, 무엇이 정해지지 않았는지'가 막연한 회의인 것이다.

'회의만 하고 생산성이 낮다'고 말하는 회사들의 회의는 대개 이 타입에 속한다. 뭔가 서로 이야기는 하는데, '자신에게 필요한 정보가 충분치 않기 때문에 결정할 수 없다든지, 또 정보는 있는데 권한이 없어 결정할 수 없다든지' 하는 쓸데없는 이야기만 계속한다. 그런 회의는 그저 시간 낭비에 불과하다.

위 내용이 사실이라면 권한이 있는 사람이 서기를 맡아 회의를 진행시키는 것이 바람직하다. 하지만 대부분의 회의에서는 젊은 사원이 서기를 맡는 경우가 많기 때문에 마지막 부분이 애매해지는 경우가 많다.

==회의석상에서 결의되어야 할 점은 반드시 결의하고, 애매함을 남기지 않도록 하기 위해서는 우선 서기가 일정 권한을 가져야 한다.== 일반적인 회사에서 열리는 회의의 서기는 대개 젊은 사원이 맡는다. 그로 인해 서기가 보조적인 업무로만 간주되기 십상이지만, 원래 서기는 중요한 역할이다. 예를 들면 회의 도중 서일본 블록에서의 매출 보고는 있지만 매출총이익이 빠져 있을 경우, 담당자를 재촉해 정보를 내놓도록 하는 것이 서기의 임무다. 사회자 역할까지 서기가 맡았을 때 회의의 질은 점점 더 나아진다.

사실 서기라면 어느 정도 연장자가 하는 게 좋다. 회의는 사전 통지하기 전 단계부터 시작된다. '누구를 부르고 누구를 부르지 않는 게 좋은지, 또 어느 부서에서 사람을 소집해야 하는지' 등등 회의 준비와 의사록은 떼려야 뗄 수 없는 관계에 있다.

물론 그렇다고 연장자가 서기를 맡는다는 것도 동양의 기업문화를 생각하면 쉽지 않다. 따라서 최소한 서기라는 역할을 경시하지 말고 의사록에 관련된 권한만큼은 부여하는 게 좋다. 그래야 비로소 사내에도 '회의란 원래 이런 것'이라는 가치관이 파생되어 침투한다. 그러면 회의의 생산성도 자연스레 높아질 것이다.

좋은 회의의사록은 퇴로를 끊는다

프로젝트 관리형 회의의사록을 작성하면 여러 가지 이점이 있다. 여기에서는 그 경영상의 이점을 열거해보자.

프로젝트 관리형 회의의사록, 바로 이것이 경영상의 이점이다!	
이점 1	회의 결과가 명확해져 다음 단계가 확실해진다.
이점 2	누가 책임자인지 명확해진다. 많은 회사에서 열리는 회의가 제대로 이뤄지지 않는 건 결국 실행하는 이가 누구인지 불명확하기 때문이다.
이점 3	제출해야 할 결과물이 명확해진다.
이점 4	도망칠 장소나 애매한 변명이 통용되지 않기 때문에 다음 단계의 수단이나 방법을 찾기 쉽다.

각자가 해야 할 내용이나 권한을 회의석상에서 명확히 정해 각자가 그것을 지키는 회의문화가 뿌리내리면 더 이상 변명이 통용되지 않는다. 만일 자신이 해야 할 업무의 마감기한을 맞추지 못할 경우라면 'ㅇㅇ는 무리입니다' '납기는 △△일까지 해주셨으면 합니다'라고 각자가 회의석상에서 명확한 의사를 밝혀야 한다. 각자의 역할이나 권한이 명확해지면 '회의 참석자로서 언제까지 앙케트를 진행할 수 있지만 보고서까지 정리할 수는 없다. 하지만 회의의 주재자 입장으로는 오늘 이 회의에서 보고서를 발표해줬으면 한다' 같은 괴리가 발생할 여지도 사라진다.

이런 식으로 퇴로를 만들어놓으면 '기한에 늦어질 것 같지만, 가급적 기한을 맞출 수 있도록 노력하겠다'는 식의 알 듯 모를 듯한 답변만 얻게 된다.

기한 내에 할 수 있을지 없을지를 그 자리에서 말하면 어떻게든 방안을 낼 수 있다. 상황을 조기에 파악하면 주변으로부터 도움의 손길도 얻을 수 있고, 해결 방법 역시 여러 가지를 고려해볼 수 있다. 이후에 나올지 모를 '그 시간 안에 해내긴 어려웠어요' 같은 변명도 애당초 없앨 수 있다. 각자가 내린 보고의 정의가 미묘하게 다를 여지조차 없애는 게 좋은 회의의사록의 조건이다.

==소프트뱅크에서 열리는 회의 스타일은 여러 가지를 그 자리에서 논의하고, '하자'고 결정되면 실제 업무로 진행시켜 각자가 맡은 일을 열심히 수행한다. 그건 프로젝트 관리형 사고를 회의에 대입시==

켜 '누가, 무엇을, 언제 할지'를 명확하게 결정한 이상 그 내용에 따라 각자가 주도적으로 움직이는 기업문화가 정착되었기 때문이다.

프로젝트 관리형 회의의사록은 모든 업종, 모든 회의에서 응용할 수 있다. 꼭 이 의사록을 대입해 회의를 낭비 없이, 원활하고 효율적으로 진전시켜 생산성을 끌어올렸으면 한다.

이기는 보고서 5

프로젝트 관리 시트

각 공정을 담당자 단위로 심플하게 관리한다

데스매치가 강요되는
프로젝트

이기는 보고서 4에서는 프로젝트 관리형 사고에 기초한 회의의사록에 대해 설명했다. 이번에는 프로젝트를 진행시키는 가운데 효과를 발휘할 수 있는 관리 시트에 대해 다뤄 보도록 한다.

최근 일본 재계를 살펴보면 프로젝트가 대대적으로 유행하는 듯 보인다. 여러 개의 프로젝트를 동시 다발적으로 진행시키는 회사 역시 상당히 늘어나고 있다.

이러한 배경에는 '서비스의 변화'가 자리한다. 현대는 하나의 하드웨어만으로 제품이 완결되는 경우가 적다. 예를 들어 애플의 아이폰에서도 볼 수 있듯, 마켓에서 지지를 받는 제품이나 서비스는 다양한 하드웨어와 소프트웨어, 그리고 여러 이업종 간의 조합으로 실현되는 경우가 많다. 즉 단일 부서만으로 완성, 완결되는 제품이나 서비스의 수가 줄어들고 있는 것이다. 복수의 부서, 때로는 사외까지 연계되어 다른 입장, 다른 발상을 가진 이들이 내놓는 집

단지성(Collective Intelligence) 역시 빠질 수 없다. 프로젝트가 늘어나는 건 바로 그 때문이다.

하지만 당초 예정된 스케줄대로 진행되는 프로젝트는 '의외로' 매우 드물다. 하나의 공정이 늦어지면 다른 공정도 연거푸 늦어져, 마감기한까지 도저히 시간을 맞출 수 없는 경우가 다반사다. 그러다 마감 직전, 윗선에서 체크했을 때 예정대로 진행되지 않고 있다는 사실이 드러나면 '철야를 해서라도 완성하라'는 지시가 떨어진다. 결국 프로젝트 멤버들 모두 잠도 제대로 못 잔 채 가까스로 제품을 완성시켜야 한다. 그런 프로젝트가 현장에서는 꽤, 아니 거의 대부분일 정도로 많다. 멤버 전원이 지친 채로 일하는, 데스매치(Death Match, 죽음의 진행. 흔히 IT 업계의 시스템 개발 현장에서 벌어지는 가혹한 노동환경을 일컬음)형 프로젝트가 드물지 않다.

하지만 한번 잘 생각해보자. 예정대로 진행된다면 굳이 데스매치가 강요될 필요가 있을까? 알면서도 왜 매번 그렇게까지 힘든 상황에 처해야만 할까?

보기엔 좋지만
사용이 어려운 간트 차트

루틴 업무(일상적이고 반복적인 업무)는 스케줄대로 진행할 수 있는 회사라도 막상 프로젝트는 예정대로 진행하지 못하는 경우가 많다. 루트 세일즈(Route Sales, 일정한 스케줄에 따라 판매원이 고정 고객을 직접 순회하며 상품을 공급하거나 판매하는 일)라면 지연 없이 확실하게 해내고 청구서도 기한에 맞춰 발송할 수 있는데, 왜 프로젝트는 잘 해내지 못하고 지연 문제가 빈번한 것일까.

나는 그 이유 중 하나가 '간트 차트(Gantt Chart)'라고 본다. 간트 차트 자체가 안 좋다는 게 아니라, 제대로 쓸 수 없는 현상에 문제가 있다는 것이다.

'간트 차트'라는 이름을 몰라도 본 적 있거나, 이용한 적 있는 사람이 많을지 모른다. 이는 공장 등에서 생산 공정을 관리할 때 자주 사용되는 표다. 가로축에 시간을, 세로축에 인원이나 설비 등을 넣고 각 공정별 작업 개시일이나 완료일 등을 기입해 진척상황을 알 수 있도록 한다.

프로젝트가 시작되면 대개의 회사에서는 간트 차트부터 작성한다. 최근에는 하나의 단계가 늦어지면 전체가 자동적으로 조정되는 편리한 소프트웨어도 개발되었지만, 직접 사용해본 결과 프로젝트 관리에는 불편해 오히려 잘 안 쓰는 편이다.

현장의 움직임에
대응할 수 없다

앞서도 이야기했듯 현장의 움직임은 스케줄

대로 진행되지 않는다. 대부분의 경우 예정보다 늦어지고, 가령 일찍 진행된다 해도 그 변화에 간트 차트가 바로바로 대응할 수 없다. 그렇게 되면 각 요소마다 나타나는 상호의존 관계를 모르게 된다.

각자가 간트 차트에 자신의 공정만을 최신판으로 수정한다 해도 상호 관계가 명료하지 않다. 어딘가에서 통합적으로 관리할 필요가 있지만 거기에는 또 상당한 수고가 든다. 프로젝트 매니저가 일일이 이를 해독하고 분석할 여유가 없는 경우도 많다. 그렇다고 간트 차트를 관리하는 전임 직원을 두자니 너무 많은 고정비용이 든다.

결국 간트 차트는 조금 심하게 말하자면 '윗선에 보여주기 위해서만 존재하며, 현실에서는 간트 차트를 배제하고 진행하는' 경우가 더 많다. 솔직히 고백하자면 이렇게 말하는 나조차도 이전에 프로젝트를 진행할 때 간트 차트를 썼지만, 불필요한 작업에 시간을 다 보내곤 했다. 이 책을 보는 분들 중에도 그런 경험을 한 사람이 꽤 많지 않을까.

간트 차트는 프로젝트 멤버 이외의 사람에게 프로젝트의 진척상황에 대해 설명할 때만 필요하다. 실상 프로젝트의 핵심 멤버들은 누구 하나 이 차트대로 움직이지 않는 게 현실이다. 그런 사태가 계속 이어지면 프로젝트 관리에는 이미 구멍이 생길 것이다.

이렇게 간트 차트는 수고가 많이 들지만 전혀 실용적이지 않다. 물론 잘만 사용하면 편리하게 쓸 수 있는 도구임에는 틀림없지만, 사용하는 습관이나 노하우가 없으면 간트 차트를 도입해도 그저 그림의 떡에 지나지 않는다. 지금 눈앞에 보이는 업무만 넣거나, 단지 선만 그어 넣은 경우도 많을 것이다.

그렇다면 수고가 덜 들면서 관리도 쉬운, 현장의 진행상황에 맞춰 관리할 수 있는 별도의 '뭔가'가 필요하다. 그 '뭔가'가 여기에서 소개할 '프로젝트 관리 시트'다.

심플하지만
진행 관리에는 충분하다

도표 〈5-1〉를 보자. 이 시트는 대형 가전제품 제조사의 프로젝트 관리 시트다.

매년 신제품을 발매하는 이 회사에서는 가을로 예정된 대형 신제품 발매를 앞두고 캠페인이나 대리점 교육을 계획하고 있다.

프로젝트 관리를 담당하는 건 판촉부의 야마다 씨다. 캠페인 계획을 세워 실행하는 것이 프로젝트의 목적이지만, 진짜 목표는 10월 1일경 대리점을 방문 지도해 실제로 팔기 시작하는 것이다.

보는 바와 같이 프로젝트는 '신제품 캠페인' 외에, '신제품 대리점 교육' '물류' '홍보' 등 4가지 부문으로 나뉘어 있고 그에 따른 각각의 임무가 설정되어 있다. '신제품 대리점 교육'이라면 임무는 '교육 매뉴얼' '비디오 작업' '방문 지도'가 된다. '물류' 프로젝트의 임무는 '물류회사 선정' '물류 매뉴얼 작성' '계약' 등 3가지다.

5-1

프로젝트 관리 시트

작성일: 2015년 7월 25일   작성자: 기무라 히로시

프로젝트	임무	결과	마감기한	담당자
신제품 캠페인	캠페인 기획서	이사회 승인	9월 15일	야마다
	그룹 인터뷰	리포트	8월 1일	다나카
	대행사 선정	대행사 결정	8월 15일	이가와
	웹 기획서	웹 기획서	8월 15일	미나미
신제품 대리점 교육	교육 매뉴얼	교육 매뉴얼	8월 15일	신도
	비디오 작업	비디오	9월 15일	아라타
	방문지도	전국지도	10월 1일	쿄고쿠
물류	물류회사 선정	물류회사 결정	9월 10일	물류부 야가와
	물류 매뉴얼 작성	매뉴얼	9월 10일	물류부 누마다
	계약	계약서	8월 10일	법무부 사토
홍보	보도자료 작성	보도자료 배포	9월 10일	홍보부 유가와
	기자클럽 대응	인쇄물	9월 10일	홍보부 신무라
	질의응답 대책	FAQ	9월 10일	홍보부 신무라

각각의 임무에는 결과 내용과 마감기한이 보이며 담당자가 명시되어 있다. 예를 들어 '신제품 대리점 교육'에 관해 교육 매뉴얼을 작성할 사람은 신도 씨로, 마감기한은 8월 15일이다.

==표 형식의 시트는 간트 차트처럼 화려함이나 비주얼적인 매력은 없고, 오히려 소박하다 싶을 만큼 구성이 심플하다. '외부에 뭔가 일하고 있다'는 인상을 주기에도 간트 차트보다 부족할 수 있지만, 프로젝트의 진행 관리는 이걸로도 충분하다.==

구체적인 사안이나 행동으로
결과물을 정의하다

이 시트에서는 '구체적인 사안이나 행동으로 결과물을 정의하는 것'이 무엇보다 중요하다. 예를 들어 '캠페인 기획서' 임무라면 '이사회 승인'이 결과물이 된다. 캠페인 기획서를 만드는 게 끝이 아니다. 자신이 초안을 만든 액션과, 이사회에서 승인을 받는 액션은 전혀 별개의 사안이다. 시간적으로도 차이가 있다. 이를 확실히 해두지 않으면 이후 혼란이 초래될지도 모른다.

하지만 '기획서를 만들고 이사회에서 승인을 받기까지'가 결과물이라 정의하면, 이후부터는 '기획서를 작성했지만, 아직 이사회에서 승인이 나지 않았다' 같은 사태가 벌어지지 않는다. 프로젝트 회의석상에서 '너, 그건 했어?' '승인은 받은 거야?' 같은 이야기를 할 필요도 없다.

마찬가지로 '물류 매뉴얼 작성'이라는 임무라면 결과물은 '매뉴얼' 그 자체다. '홍보' 프로젝트의 '보도자료 작성' 임무라면 결과물은 말할 것도 없이 '보도자료 배포'가 된다. '물류' 프로젝트의 '물류회사 선정' 임무의 경우, '물류회사 결정'이라는 액션이 결과물로서 기재되어 있다.

결과물을 명확히 해두는 건, 이를 명확하게 하지 않았을 때 멤버들 간의 의식에 어긋남이 발생하기 때문이다. 항상 진행 관리에는 결과물과 마감기한, 담당자를 명시하는 것이 필수적이다.

나는 프로젝트를 제대로 운영하지 못하는 사례를 지금껏 많이 봐왔다. 그 대부분은 결과물의 정의가 애매해 뭔가 손에 잡히는 게 없다는 점이 공통적이었다. 현재 이 임무를 하고 있는지, 아니면 이미 끝난 것인지 관리 담당자도 모르는 경우가 적지 않다. 이 또한 결과물의 불명확함 때문에 발생한다. 정의가 애매하면 완성된 결과물이 좋은지 나쁜지 여부조차도 불분명해진다.

담당자는 1명으로 좁히고
반드시 명확하게 기재한다

대부분의 일본 회사들은 이 같은 관리 시트에 담당자 이름을 넣는 데 거부감을 갖는다. 담당자의 이름은커녕, 소속 부서명을 넣는 것마저 거부감을 갖는 경우도 많다. 부서명을 넣으면 그 부서장이 온전한 책임자가 되어버리기 때문에 시트에서 아예 '담당 부서란' 자체를 없애는 경우도 적잖게 볼 수 있다.

하지만 나는 단언할 수 있다. '담당자가 명확치 않으면 프로젝트는 제대로 진행될 수 없다.' 책임자가 애매한 상태에서 프로젝트가 원활하게 진행될 리 없다. 특히 뭔가 문제나 트러블이 생겼을 때 그 어떤 수습조차 할 수 없다.

프로젝트는 해당 멤버 각자가 해야 할 일을 제대로 했을 때 비로소 성립한다. 만일 담당자를 명확히 지정하지 않고 프로젝트를 시작하면 각자 미묘한 착각이나 오해, 실수 등을 하면서 업무를 진행시키게 된다. 아울러 업무의 지연이나 반복 문제도 빈발한다.

그렇다면 프로젝트 담당자의 이름을 1명으로 좁히는 게 좋을까, 아니면 2, 3명으로 두는 게 좋을까. 이는 자주 받는 질문이지만 답은 언제나 같다. '여러 명을 책임자로 했을 경우 누가 최종 책임을 지는지에 대해 불명확하다'는 점에서 최종 책임자는 1명이 좋다. 대체할 서브 담당자를 두는 건 상관없지만, 최종적으로 책임을 질 담당자는 반드시 1명으로 짜는 게 좋다. 담당자 본인도 여기에 자기 이름을 직접 걸어두기 때문에 그 임무 수행에 더 막중한 책임감을 갖게 되는 것이다.

프로젝트 관리 시트만 제대로 작성하면 각자 담당하는 임무에 대해서는 열심히 하는 수밖에 없다. 내가 못하면 다른 부문에 피해가 발생하기 때문에 마감기한까지 해당 업무를 완수할 수밖에 없다. 이 시트만 제대로 돌아가면 프로젝트는 별일 없이 잘 진행된다.

항상 최신 버전으로
업데이트하자

프로젝트 관리 시트는 일단 작성하면 반드시 버전 관리를 해야 한다.

앞서 예시로 보여준 시트는 2015년 7월 25일에 작성되었다. 하지만 시간이 흐르며 비디오 작업이나 교육 매뉴얼의 진척상황 등 세세한 부분에서 당초 계획과 어긋남이 생겼기 때문에 이윽고 각자가 말하는 내용이 미묘하게 달라지곤 했다.

이를 방지하기 위해서는 업데이트가 필수적이다. PC에 뭔가 문제점이 있다면 야간에 일괄 처리작업을 하거나, 최신 프로그램으로 바꿔 쓸 수 있도록 프로젝트 관리 시트도 최신판으로 업데이트한다. 어떤 타이밍에서는 일제히 최신 버전으로 바꾸는 절차도 반드시 필요하다. 정례회의에서 업데이트하고, 가능하면 주별로 최신판을 업데이트하는 게 좋다. 현재 자신이 갖고 있는 자료를 항상 최신 버전으로 두는 것이 중요하다.

==사용 중인 관리 시트의 버전이 사람마다 다르면, 프로젝트 진행에 적잖은 지장이 생긴다. 프로젝트 멤버는 누구나가 동일한 시트를 사용하고, 그것이 반드시 최신 버전인 상태가 바람직하다.==

이 작업을 게을리하면 프로젝트가 원활하게 진행되기 어렵다. 프로젝트를 궤도에서 벗어나지 않도록 하기 위해 반드시 필요한 도구이므로, 목적을 달성하기 위한 업데이트는 필수불가결하다.

또 프로젝트의 방향이 바뀌면 반드시 바로잡아야 한다.

예를 들어 당초 10월 말까지 캠페인을 준비하려 했다가, 급하게 그 일정을 당기려 한다면 어떤 공정을 제외하는 게 좋을지 반드시 생각해봐야 한다. 당연히 관리 시트는 그 방향으로 다시 작성할 필요가 있다. 앞서 가전제품 제조사의 예로 보자면, '신제품 대리점 교육'에서는 비디오 작업을 하지 않고 대리점을 직접 방문해 지도키로 결정하는 등 방향을 수정해 해결책을 모색한다.

가급적 마찰을 줄이며 목적 달성을 위해 어떻게 조정해가는지가 프로젝트 매니저에게 주어진 역할이다. 그건 곧 '이 일이라면 할 수 있다' '좋아, 이 정도면 해볼 수 있을 것 같다'는 등 구성원들을 충분히 납득시켜야 하는 일이기도 하다.

각 담당자 단위로 공정을 나눈다

그럼 프로젝트 관리 시트를 작성한 뒤, 공정을 어느 정도까지 세분화하면 좋을까. 사실 이는 상당히 어려운 문제다.

너무 세분화하면 관리 공정이 늘어나버리고, 그렇다고 듬성듬성 크게 나누다 보면 프로젝트의 진행에 문제가 생긴다. 그러므로 각 담당자 단위로 공정을 나누는 게 가장 좋다. 담당자가 짊어진 업무를 하나의 공정으로 삼아 결과물을 정하고, 마감기한을 명확히 설정한다.

예를 들어 프로젝트 관리 시트에서는 '신제품 캠페인'의 임무를 4가지로 나누고 '신제품 대리점 교육'과 '물류' '홍보' 같은 프로젝트에 대한 임무는 각각 3가지로 나눈다.

일반적으로 사람이 한눈에 보고 파악할 수 있는 수는 기껏해야 5개 정도다. 만일 7개 이상이 되면 누구든 두 손 두 발 다 들지도 모른다. 7개 이상을 어렵지 않게 관리하는 사람은 거의 신의 영역에 들어선 것이나 마찬가지다. ==가능하면 하나의 프로젝트에서 임무를 5개 이내로 조정하는 게 좋다. 굳이 그보다 더 세밀하게 나눌 필요가 없다는 게 내 지론이기도 하다.==

다만 어떤 담당자의 어떤 임무에 한해 진행이 늦어질 것 같은 경우나 혹은 해외에서 물건을 운반해올 때 정확한 스케줄을 판단하기 어려워 해당 업무는 외주를 준다는 공정 범위에 대해서는 따로 한계가 없다.

공정을 무조건 세밀히 구별한다고 좋은 것도 아니지만, 그렇다고 듬성듬성 두는 것도 좋다고만 볼 수 없다. 프로젝트에 참가한 멤버 전원이 기분 좋게, 또 무리 없이 관리할 수 있도록 관리 공정 수나 성과의 정도를 경우에 따라 조정할 수 있다. 이렇게 상황을 멤버 모두가 공유하게 되면 미팅 시간은 확실히 줄어든다.

여기에서 프로젝트 관리 시트의 작성 포인트에 대해 살펴보자.

프로젝트 관리 시트, 바로 이것이 작성의 포인트다!	
포인트 1	'버전 관리'라는 면에서 작성자와 작성일을 명확히 기재한다.
포인트 2	결과물을 구체적인 사안이나 행동으로 정의한다.
포인트 3	마감기한과 담당자를 결정한다.
포인트 4	각 담당자 단위로 공정을 나눈다.
포인트 5	업데이트 작업을 게을리하지 않고, 각자가 가진 자료는 최신판으로 유지한다.

권한이 없는 PM은
프로젝트를 제대로 운영할 수 없다

프로젝트의 수가 크게 늘었음에도 불구하고, 최근 PM(프로젝트 매니저)을 기피하는 경향이 높아지고 있다. 실제로 컨설팅 회사에 가보면 '우리 회사에는 PM 지망자가 없다'는 관계자들의 볼멘소리를 자주 듣게 된다.

그건 PM이 '리스크를 지면서도 보수가 적은' 포지션이기 때문이다. SIer(System Intergrator, 시스템 통합 서비스)의 세계에서는 특히 현저한 경향이지만, 마감기한을 맞추지 못하면 모든 책임은 PM에게 전가된다. 이는 꽤 잔인한 이야기처럼 들린다.

'PM 역할을 무사히 마치면 이사회 멤버가 될 수 있다'는 확신만 있다면야 희망자가 늘어날지 모르나, 현실에서는 책임만 지고 인사 권한은 거의 갖지 못한다. 희망자가 없는 것도 결코 무리가 아니다.

PM이 아무런 권한이 없으면 프로젝트의 원활한 진행을 바랄 수 없다. PM은 경영자에게 권한을 양도받아, 그 권한을 작게 나눠 프로젝트를 진행해야 할 의무가 있다.

만일 법무팀의 ○○씨가 '계약서 문구가 이상하다'고 하면 변호사 사무실에 상담토록 지시하고, ○○씨의 업무 진척상황이 좋지 않으면 마감기한에 맞출 수 있도록 자료를 준다. 혹은 '늦어도 ○○일까지는 완성했으면 한다'고 조언하는 등 업무를 세부적으로 조정해 프로젝트를 완성시키는 게 바로 PM의 일이다.

==만일 PM이 권한이 없는 상태로 책임자나 결과물, 마감기한을 명확하게 하지 않는다면 프로젝트 진행은 그만두는 게 낫다. 제대로 성과를 낼 수 없는 상태에서 이리 치이고 저리 치여도 어쩔 수 없는 일이다.==

예측할 수 없는 사태에도
임기응변으로 대응할 수 있다

프로젝트 관리 시트는 경영상 다음과 같은 이점이 있다.

프로젝트 관리 시트, 바로 이것이 경영상의 이점이다!	
이점 1	누구나 만들 수 있고 이해할 수 있다.
이점 2	갱신 비용이 들지 않는다.
이점 3	계획 변경이 잦은 체제(시스템)에 어울린다.
이점 4	책임이 명확해져 지연 문제가 없어진다.
이점 5	프로젝트 멤버들이 무엇을 하고 있는지 상사에게 설명할 수 있고, 필요하다면 지원을 요청할 수 있다.
이점 6	빠지기 쉬운 함정을 알기 때문에 프로젝트 매니저가 중점 관리할 수 있다.

 야후BB에서는 각각의 유닛에 들어온 고객으로부터의 클레임을 대장에 등록하고, 언제까지 고칠지에 대해 반드시 기록해둔다. 모뎀 문제의 발생 원인을 분석해 문제 발생의 소지 자체를 줄이는 '불량품 해소 프로젝트'도 이 시트로 관리했다.

 프로젝트에서는 예측할 수 없는 사태가 간혹 벌어지지만, 프로젝트 관리 시트를 효과적으로 사용하면 임기응변으로 충분히 대응할 수 있다. 여러분들이 목표를 갖고 완성한 프로젝트를 일정 궤도에 올리기 위해 프로젝트 관리 시트를 유효하게 활용했으면 한다.

이기는 보고서 6

파레토 차트

몇 가지 요인을 제거하면 80%의 문제가 해결된다

문제점 발견에 도움이 되는
파레토 차트

엑셀을 업무에 활용하는 직장인들이 많지만, 그중 파레토 차트를 제대로 알고 활용하는 사람은 의외로 드물다.

여기서 '파레토 차트(Pareto Chart)'란 업무 현장의 문제점에 해당하는 불량품이나 결점, 각종 클레임, 사고 등을 원인별로 분류해 많은 순대로 세워둔 막대그래프와, 그 누적비율의 꺾은선그래프로 구성된 도표를 말한다.

이 도표를 작성하면 각 항목별 비율이 일목요연해지기 때문에, 서둘러 해결해야 할 문제점을 찾아내기 쉬워진다. 관리, 개선 활동의 중점 목표를 정할 때 도움이 되는 파레토 차트는 QC(Quality Control, 품질 관리)의 7가지 기법 중 하나로 간주된다. 이렇게나 편리한 도구를 비즈니스에서 사용하지 않을 수 없다. '문제가 어디 있는지를 찾기 어려운 사람'이라면 반드시 사용해보기를 추천하는 도구다.

QC의 나머지 6가지 기법

(파레토 차트 제외)

- **히스토그램(Histogram)**
  길이, 무게, 시간, 경도, 두께 등을 측정하는 데이터(계량 값)가 어떤 분포를 보이는지 알아보기 쉽게 나타낸 그림.

- **특성 요인도(Cause and Effect Diagram)**
  현장에서 발생하는 문제점들의 원인을 정리해 상호관계를 조사함으로서 그 인과관계를 그림으로 나타낸 것.

- **층별(Stratification)**
  필요한 요인마다 데이터를 구분해서 잡는 것.

- **산점도(Scatter Diagram)**
  두 개가 짝을 이룬 데이터를 그래프 용지 위에 점으로 나타낸 그림.

- **체크 시트(Check Sheet)**
  불량 수, 결점 수 등 셀 수 있는 데이터가 분류 항목별로 어디에 집중되어 있는지를 알기 쉽게 나타낸 그림.

- **관리도(Graph & Process Control Charts)**
  그래프 안에서 점의 이상 여부를 판단하기 위해 중심선이나 한계선을 기입한 것.

파레토 차트는 우선적으로 손대야 할 항목을 보여줄 수 있는 유효한 도구지만, 사실 엑셀로 도표를 만드는 작업이 그리 간단치만은 않다. 파레토 차트는 엑셀에 수치를 넣고 단지 그래프화하는 것만으로 완성되지 않는다. 거기에는 몇 가지 수고와 노력이 더 필요하다.

어쩌면 그것도 단순한 익숙함의 문제다. 기본 특성만 잘 이해하면 누구든 손쉽게 작성할 수 있다. 파레토 차트는 고객 대응을 위한 운영방안, 제조업의 생산 현장 등에서 발생하는 대량의 업무처리 등에도 응용할 수 있다.

이 기회를 통해 파레토 차트 작성법을 제대로 익혀, 지금 현장에서 벌어지고 있는 문제 해결에 도움이 되었으면 한다.

80 대 20
법칙

여기에서는 모바일 통신 서비스회사의 콜센터에 접수된 모뎀 장애에 관한 고객들의 클레임 사례로 파레토 차트 작성법을 이해해보자.

이 회사는 각 서비스 공급자를 통해 이용자들에게 모뎀을 대여해주고 있다. 하지만 최근 몇 개월간 이용자들의 잇따른 클레임으로 골머리를 썩어왔다.

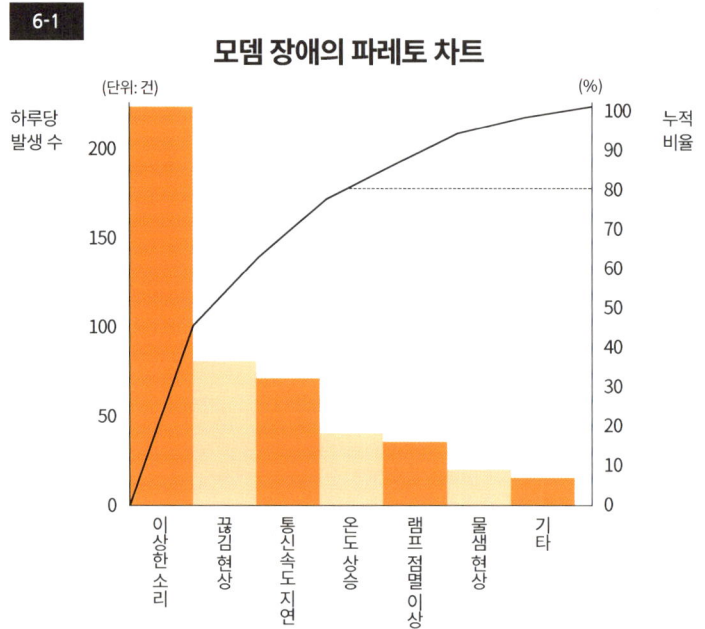

이를 묶어서 '모뎀 관련 클레임'이라 부른다 해도 실제 내용은 꽤 다양하다. '모뎀에서 이상한 소리가 난다' '연결이 자주 끊긴다' '통신속도가 매우 느리다' '모뎀이 금세 뜨거워진다' '램프가 계속 켜졌다 꺼진다' '모뎀 아래서 이상한 액체가 흘러나온다' 등등 콜센터에는 매일매일 이용자들로부터 수많은 클레임이 걸려온다.

하지만 클레임의 종류가 너무 다양하기 때문에 어디서부터 해결하는 게 좋을지 좀처럼 파악하기 어렵다. 오는 클레임을 하나하나 해결하는 것은 업무 효율이 너무 떨어진다. 이에 우선순위를 매겨 대응하는 게 해결이 빠르다면, 담당자는 파레토 차트를 작성하기로 한다. 그렇게 완성된 것이 바로 도표 〈6-1〉이다.

여러분들은 '80 대 20 법칙(파레토 법칙)'을 들어본 적 있는가. '일부 요소(20%)가 전체의 상당 비율(80%)을 점한다'는 뜻으로, 흔히 '불규칙한 분포 법칙'이라고도 한다. 이 법칙에 따라 전체의 80%를 점하는 요소를 제거하려 할 때 파레토 차트는 커다란 힘을 발휘한다.

〈6-1〉에서 누적비율을 보여주는 꺾은선그래프가 80%에 달하는 게 어떤 항목인지를 살펴보자. 바로 '온도 상승' 항목이다. 즉 '이상한 소리' '끊김 현상' '통신속도 지연' '온도 상승' 이 4가지 요소만 제외하면 전체 클레임 중 80%를 없앨 수 있는 것이다. '다른 항목은 잠시 뒤로 미루고, 일단 위에서 네 번째 항목까지의 문제 해결에 집중하겠다'는 판단이 파레토 차트를 통해 가능해졌다.

==우선순위를 알면 문제 해결을 위해 더 많은 예산을 짠다든가 인적 지원을 늘리려는 해결책을 세우기도 쉽다. 이것이 파레토 차트를 작성하는 가장 큰 이점이기도 하다.==

파레토 차트의 작성법

그렇다면 그 구체적인 작성법을 알아보자.
첫 스텝은 '기본 양식을 작성하는 것'이다. '이상한 소리' '끊김 현

6-2

	A	B	C
1	항목	발생수	누적비율
2	이상한 소리	220	
3	끊김 현상	80	
4	통신속도 지연	70	
5	온도 상승	40	
6	램프 점멸 이상	35	
7	물샘 현상	20	
8	기타	15	
9		480	

6-3

	A	B	C	D
1	항목	발생수	누적비율	비율
2			0	
3	이상한 소리	220	46	46%
4	끊김 현상	80	63	17%
5	통신속도 지연	70	78	15%
6	온도 상승	40	86	8%
7	램프 점멸 이상	35	93	7%
8	물샘 현상	20	97	4%
9	기타	15	100	3%
10		480		

6-4

상' '통신속도 지연' '온도 상승' 등 모뎀 장애에 관한 클레임 항목을 일일 평균 발생 수가 많은 순대로 나열해본다.

발생 수가 많은 순대로 넣으면 전체에 대한 각각의 비율을 계산할 수 있다. '이상한 소리'라면 46%, '끊김 현상'은 17%가 된다. 이하의 항목에 대해서도 마찬가지다. 그런 반복적인 비율 환산이 끝났다면 이번에는 누적비율을 계산한다. '이상한 소리' 46%는 그대로지만, '끊김 현상'은 '이상한 소리' 46%와의 합계 숫자가 되기 때문에 누적비율은 63%가 된다. 이하 다른 항목도 마찬가지로 누적비율을 낸다.

여기까지 끝나면 맨 위에 한 줄을 삽입해 누적비율 부분에 0의 숫자를 기입한다. 이는 매우 중요한 작업으로, 뒤에 누적비율의 꺾은선그래프를 0에서 출발시키기 위해 반드시 필요하다 도표 〈6-3〉.

이제부터 그래프를 그리는 작업이다.

우선 보통 그래프를 만든다. 엑셀 시트에 표 속의 항목과 발생 수, 누적비율을 지정하고, 심플한 형태의 세로막대형 그래프를 작성하자 삽입-차트-세로막대형. 이것이 파레토 차트의 바탕이 되는 그래프다. 도표 〈6-4〉에 조금씩 수정해가다 보면 파레토 차트가 완성된다.

우선 누적비율이 0까지 표시되도록, 처음 〈6-4〉의 계열 2를 왼쪽 클릭으로 지정하자. 〈6-3〉 누적비율의 그래프 범위에서 오른쪽 구석에 커서를 둔 채, 위쪽으로 드래그해 0까지를 그래프 범위로 삼는다. 각각의 발생 수가 〈6-4〉와 다소 어긋나 〈6-5〉처럼 표시될 것이다. 〈6-5〉는 나중에 재조정하기 때문에 그대로 둬도 상

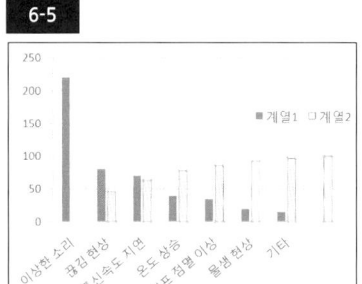
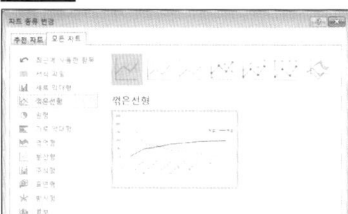

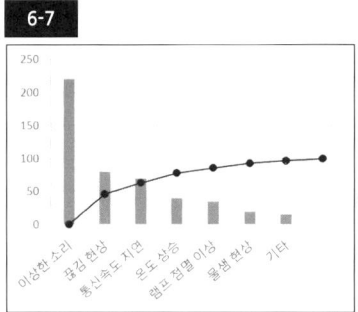

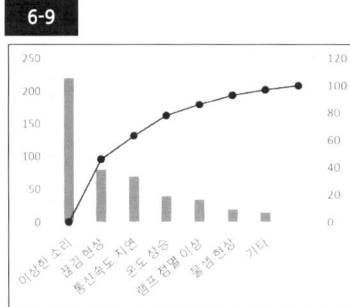

※ 도표는 엑셀 2013 버전으로 작성.

관없다. 다만 계열1, 계열2와 같은 범례는 방해가 될 수도 있으므로 여기에서 삭제하자.

이어 계열 2의 누적비율 그래프를 '막대그래프에서 꺾은선그래프'로 바꾸는 작업을 한다. 왼쪽을 클릭해 계열 2의 막대그래프를 지정한 뒤, 오른쪽 클릭으로 '계열 차트 종류 변경'을 선택해 꺾은선그래프로 변경한다[도표 6-6]. 그러자 0%에서 출발해 100%까지 달하는 누적비율의 꺾은선그래프가 완성되었다[도표 6-7].

이 꺾은선그래프를 오른쪽에도 눈금이 있는 양축 그래프로 하기 위해서는 꺾은선그래프 위에서 오른쪽을 클릭해 '데이터 계열 서식'을 설정한다[도표 6-8]. 이때 '계열 옵션' 중 '보조 축'을 선택하면 오른쪽에 꺾은선그래프에 대응하는 축이 표시된다[도표 6-9].

최소값, 최대값을 고정한다

이어 그래프의 오른쪽 축을 잘 봤으면 한다. 최소값은 0, 최대값은 120이다. 누적비율의 최대값이 100이기 때문에 120까지의 눈금이 필요 없는데도 자동적으로 최대값 120까지 설정된 것이다.

왼쪽 축은 최대값이 250으로 설정되어 있다. 발생 수의 최대값이 220이어서 엑셀이 자동적으로 최대값을 250으로 삼았기 때문

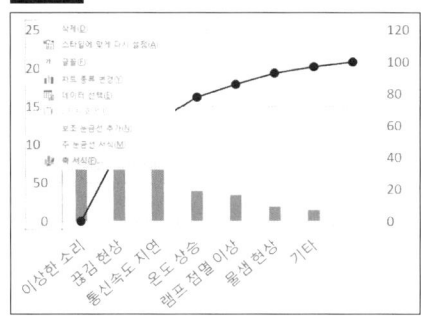

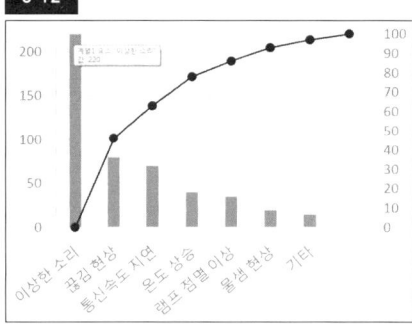

에 이렇게 윗부분의 빈틈이 눈에 띄는 그래프가 되고 말았다.

이제 축의 최대값과 최소값을 변경하자. 오른쪽 축을 왼쪽 클릭으로 지정한 뒤, 오른쪽을 클릭해 '축 서식'을 선택하고(도표 6-10), '축 옵션'을 보면 거기에서 최대값과 최소값을 '고정'할 수 있다(도표 6-12). 누적비율은 %로 표시되기 때문에 최대값은 100, 최소값은 0으로 입력한다.

왼쪽 축도 마찬가지로 왼쪽 클릭으로 지정한 뒤, 오른쪽 클릭으

로 '축 서식'을 선택한다. 최대값은 가장 큰 실수實數인 220을, 최
소값은 0을 넣자. 그러면 그래프 왼쪽 축의 최대값은 220, 오른쪽
축의 최대값은 100으로 바뀐다. 이로써 파레토 차트답게 상당 부
분이 바뀌었다[도표 6-12].

쓸데없는 요소를 제거해
심플한 그래프로 작성한다

파레토 차트의 경우 마커[Marker. 특징 지점을 나타
내는 조그만 사각점]는 필요 없기 때문에 여기에서 마커를 지워둔다. 마
커 하나를 지정, 클릭해 '데이터 계열 서식'을 선택한다. 그리고 '표
식 옵션'을 없음으로 지정한다. 그러자 모든 것이 사라지고, 심플
한 형태의 꺾은선그래프로 변했다[도표 6-13].

이후에는 각 요소들 사이의 막대그래프 간격을 없애는 작업이

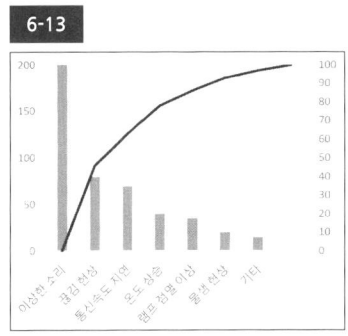

6-13

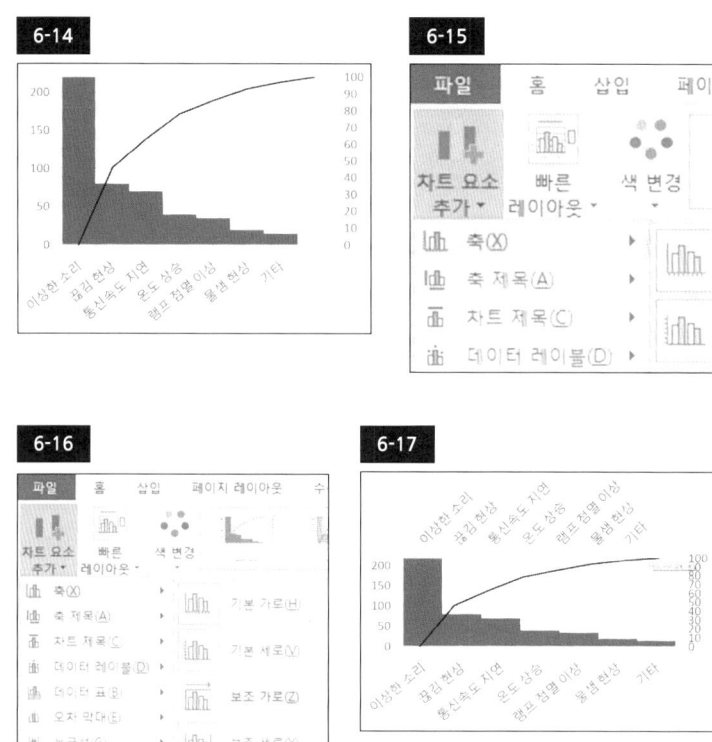

다. 파레토 차트의 막대그래프에는 간격이 필요 없다. 우선 왼쪽 클릭으로 지정하고, 이어 오른쪽 클릭으로 '데이터 계열 서식'을 선택하자. 계열 옵션에서 '간격 너비'를 '0%'로 하면 막대그래프가 서로 밀착한 형태로 표시된다(도표 6-14).

자, 슬슬 완성에 가까워지고 있다. 이제 '꺾은선그래프의 출발

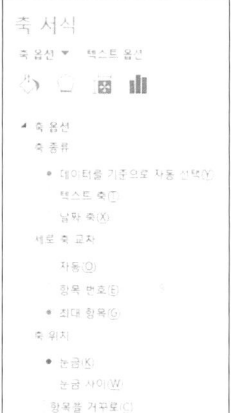

6-18

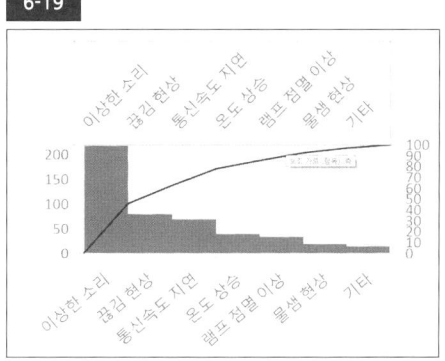

6-19

지점이 겹치지 않도록 비켜두는 작업'을 할 차례다.

지금은 꺾은선그래프의 기점이 막대그래프의 중앙이다. 이를 0에서 출발시켜야 하지만, 사실 이 작업이 조금은 복잡해 보인다. 하지만 걱정할 필요는 없다. 익숙해지면 이보다 간단한 것도 없다.

꺾은선 그래프를 선택한 뒤 '디자인 툴'의 '차트 요소 추가'를 클릭하자〈도표 6-15〉. 이 중에서 '축'을 선택해 클릭하고 '보조 가로'를 선택한다〈도표 6-16〉. 아래와 마찬가지로 축이 위에도 표시된다〈도표 6-17〉.

꺾은선그래프의 기점을 0부터 하기 위해서는 새로 만들어진 보조 가로축을 왼쪽으로 살짝 비켜두는 게 좋다. 〈6-18〉과 같이 '축 서식'에서 '축 옵션'을 선택해 '축 위치'를 '눈금'으로 삼으면 꺾은선

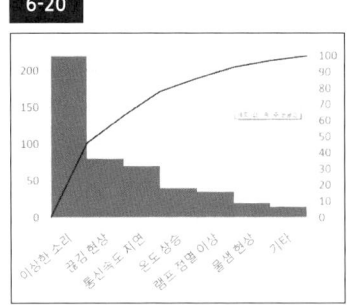 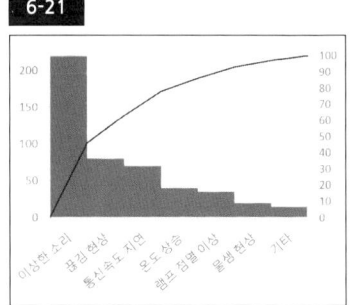

그래프가 왼쪽으로 비킨 채 0부터 시작하게 된다(도표 6-19).

이로써 파레토 차트는 거의 완성되었다. 나머지 작업은 보기 쉽게 만들기 위한 '최종 정리'다. 새롭게 만든 보조 가로축의 눈금을 제거하고 축 라벨도 지우자. 이는 새롭게 만든 보조 가로축을 오른쪽 클릭해 '축 서식'에서 '축 옵션'상의 '주 눈금' '레이블 위치'를 '없앰'으로 설정하면 된다. 그러자 깔끔하고 딱 떨어지는 형태의 그래프로 변했다(도표 6-20).

마지막으로 눈금선도 삭제한다. 이는 눈금선을 왼쪽 클릭으로 지정한 뒤 지우면 끝이다. 그러자 눈금선이 삭제되어 심플하고 훨씬 더 보기 좋은 파레토 차트가 완성되었다(도표 6-21).

자, 어떤가. 이대로 해보면 어떠한 작업도 손쉽고 원활하게 진행할 수 있을 것이다.

우선순위를
전원이 공유할 수 있는 도구

이 파레토 차트가 없다면 현장은 어떻게 될까. 현장에서는 누구나 '여러 가지 문제가 있다'고 인식한다. 따라서 '어떻게든 문제를 해결해야 한다'는 인식을 갖고 있다. 경영진이나 매니저, 평사원 할 것 없이 모두 공통된 인식을 갖고 있다. 하지만 이때 '어느 것부터 손을 대야 할지'에 대해선 잘 모른다. '일단 여기서부터 시작하자' '아니야, 이것부터 하는 게 좋아' 등등 다양한 의견이 분출되어 결국은 어설프게 끝나버릴 가능성이 크다.

간혹 목소리가 큰 경영진이 '여기에 문제가 있는 것 같다'고 주장하지만, 사실 이건 최악이나 다름없다. 왜냐하면 상명하복의 원칙에 맞춰, 부하가 우선순위도 생각하지 않고 '곧바로 대응하겠다'고 답하는 것은 문제 해결에 아무런 도움이 되지 않기 때문이다.

지금 자신들이 하고 있는 게 어느 정도 문제 해결에 공헌하는지, 또 그걸로 고객 만족도를 얼마만큼 끌어올릴 수 있는지도 모른 채 '어떤 일이든 하고 있다'는 상황 자체가 어쩌면 비극이라 할 수 있다.

일은 하고 있는데 출구가 보이지 않는다면, 바로 이때 문제 해결에 큰 도움이 되는 것이 '파레토 차트'다. 우선순위를 전원이 공유할 수 있는, 실로 편리한 도구인 셈이다.

운용 룰을 만들어 확인한다

==파레토 차트는 아랫선에서 윗선으로의 커뮤니케이션을 활발하게 만든다. 우선순위를 매긴 뒤 요구사항을 제시하면 조직 내 대화가 원활해지고, 이것이 결국 점진적인 개선으로 이어지기 때문이다.==

불쑥 '이상한 소리가 나는 것 같다'고 말해도 모두 바쁘기 때문에 쉽게 움직여주지 않는다. 하지만 '이상한 소리가 점하는 비율이 이 정도나 된다'고 주장하며 '이 부분을 해결해 달라'는 요청이 나오면 윗선에서도 그만큼 대처가 쉬워진다.

파레토 차트는 '어떤 부분을 해결하면 전체적으로 클레임이 상당히 줄어든다'는 게 눈에 보이는 만큼 그 역할도 크다.

야후BB 콜센터에서는 파레토 차트를 작성하는 것을 계기로 '이상한 소리'라는 단일 증상을 상세히 조사한 결과 3가지 패턴이 있다는 사실을 알아냈다. 특히 '이상한 소리'가 일어나는 원인의 절반은 공기를 흘리는 틈새 '슬릿(Slit)'에 먼지가 잘 쌓이기 때문이었다. 그렇게 문제의 원인을 밝혀내면 후속 작업이 빨라진다. 슬릿의 폭을 좁히거나, 아예 틈 자체를 없애버리는 등 해결방안을 몇 가지 선택지로 좁힐 수 있기 때문이다.

카테고리별 정의와
운용이 중요하다

파레토 차트를 만들 때에는 운용 규칙을 명확히 하고, 이것이 제대로 적용되는지를 항상 체크해야만 한다.

앞의 예를 들자면 '이상한 소리'와 '온도 상승'이라는 2가지 증상이 함께 나타난 경우 어느 쪽의 항목에 넣어야 할지, 카테고리를 명확히 정의한 뒤 확인한다. 이 과정 자체가 없으면 분석 결과 자체도 취약할 수밖에 없다.

카테고리를 명확히 정의하고, 모든 클레임의 내용도 폭넓게 살펴본다. 그런 수고가 반드시 필요하다. 예를 들어 '온도 상승'이라 했을 때 금세 불이 붙을 것 같은 뜨거움도 있지만, '왠지 뜨뜻미지근한 느낌' 정도의 뜨거움도 있다. 이처럼 분류 항목을 제대로 구분했는지 항시 확인해야만 한다. 또 보고서를 쓰는 사람이 틀린 항목에 분류한 건 아닌지 살펴보며 제대로 운용되고 있는지도 확인해둬야 한다.

소프트뱅크의 콜센터에서는 고객에게 걸려오는 전화가 하루 평균 3만 건에 달한다. 그렇게 걸려오는 모든 전화에서 만족도 조사를 실시하고 있지만, 답변이 돌아오는 건 기껏해야 2000건 정도에 불과하다.

'콜센터 대응에 당신은 만족했는가?'라는 물음에는 '만족' '약간 만족' '보통' '약간 불만' '불만' 등 5단계 평가가 준비되어 있다. 콜센터 직원들의 점수를 산출하는 것 이외에도 '자유 기입란'에 다양한 코멘트를 담을 수 있다.

이 코멘트란에는 문제가 해결되지 않았을 경우 고객의 감상이나 의견, 불만 등이 기입된다. 즉 뭔가 문제가 벌어져도 작업 흐름을 제대로 파악하지 못했을 경우에 코멘트란은 그 문제를 알 수 있는 귀중한 정보원이 된다.

그래서 나는 매일매일 들어오는 2000건의 조사표를 모두 확인했다. 콜센터 직원에 의한 카테고리 분류가 바른지, 운용이 잘못되고 있는지 등을 체크하며 이를 매일 아침회의와 저녁 5시 회의에서 보고했다. 그리고 각 카테고리별 담당자가 출석하는 저녁 회의 석상에서는 '고객이 이런 것을 이야기했다' 'ㅇㅇ 경우에 제대로 대응하지 못하는 건 아닌가' 등을 일일이 확인했다. 이런 작업에 파레토 차트를 활용하면 검증작업의 효과가 높아지는 건 틀림없는 사실이다.

결국 파레토 차트를 잘 활용하는지 여부는 '카테고리의 정의와 운용이 제대로 이뤄졌는지' 그 확인 여하에 달렸다. 파레토 차트는 실제로 효과가 있고 보기에도 좋다. 하지만 파레토 차트의 작성법을 어느 정도 익혔다고 해서 그 내용을 제대로 보지도 않은 채 여기저기 막 갖다 붙여서는 안 된다. '과정이야 어쨌든 결과물만 좋은 느낌으로 만들어낼 수 있다면 OK'라는 풍조에도 이의를 제기하고 싶다.

내용을 명확하게 파악하는 게 무엇보다 중요하다. 그 안에 정말로 결정적인 것이 존재할지 모른다는 합리적 의구심을 갖고 있어야 한다.

이기는 보고서 7

회귀 분석

경영자 마인드를 길러주는 회귀 분석

"회귀 분석을 하지 않는 사람의 이야기는 일절 듣지 않겠다"

이기는 보고서 7에서는 통계적 분석법의 하나인 '회귀 분석(回歸分析)'에 대해 다뤄보도록 한다.

회귀 분석은 '여러 개의 변수 사이에 놓인 관계를 1차 방정식(y=ax+b) 형태로 표현하는 분석 방법'을 뜻한다. 이를 더 쉽게 말하자면 '서로 영향을 줄 수 있는 요소들의 인과관계를 예측하는 기법'이다.

2001년 소프트뱅크에서 사업을 시작했을 때부터 손정의 사장은 "앞으로 회귀 분석을 하지 않는 사람의 이야기는 일절 듣지 않겠다"고 선언했다. 그로 인해 임직원 모두 철저하게 회귀 분석을 할 수밖에 없었다. 봐주는 것 없이, 일관되게 그 방향으로 업무를 진행시키려는 최고경영진의 굳은 의지였다.

그때 나도 적잖이 당황했다.

'회귀 분석을 어떻게 만들라는 거지……'

사실 회귀 분석은 방법만 잘 이해하면 크게 어렵지 않다. 나는 이 같은 회귀 분석 기법을 잘 구사하고 활용했던 것이 결과적으로 소프트뱅크가 급성장한 요인 중 하나라고 생각한다.

그렇다면 <mark>손정의 사장은 왜 그렇게까지 회귀 분석에 집착했던 걸까. 그건 '회귀 분석을 잘 사용하면 자신이 지금 생각하고 있는 가설이 바른지에 대한 여부를 확인할 수 있기 때문'</mark>이다. 현재 자신이 전개 중인 비즈니스가 어떤 구조로 이뤄지는지 간단한 숫자로 알 수 있는 것이다.

<mark>'모든 것을 숫자로 파악하라!'</mark>

바로 이것이 손정의 사장의 기본 방침이었다. 그는 회사 매출이나 주가를 모두 수치화해 항상 머릿속에서 구조화하고 있는 사업과의 상관관계를 도출해냈다.

그 정밀도에는 일말의 오차도 없었다. 무엇을 하면 실적이 나아질지, 어느 정도의 이익을 낼 수 있는지, 또 감도 분석(어떤 지표로 일정한 변화를 일으켰을 때, 그것이 결과에 어느 정도의 영향을 미쳤는지를 정량적으로 측정하는 것)을 빈번하게 실시해 숫자로 앞을 내다보는 힘을 체득하고 있었다.

회귀 분석이
경영자 육성으로 이어진다

과장이 아니라, 손정의 사장은 지금 몇 가지

숫자만으로 어느 정도의 결과까지 예측할 수 있는 단계에 이르렀다 해도 결코 과언이 아니다.

"마지막에는 포스로 알 수 있을 정도가 되어라!"

이는 손정의 사장이 입버릇처럼 자주했던 말이다. 여기서 '포스(force)'란 여러분도 잘 아는 영화 「스타워즈」에서 제다이가 사용하는 일종의 초능력을 말한다. 사람들은 손정의 사장이 반농담으로 이런 말을 했다고 느끼겠지만, 나는 그 부분에 오히려 진심이 담겨 있다고 생각한다.

숙련된 스시 장인이 스시를 만들 때는 매번 측량한 것처럼 밥의 양이 일정하다. 그건 과장되게 말하자면 '포스의 세계에 가까워졌다'고 표현할 수 있다.

손정의 사장이 지향하는 포스란 '반복된 트레이닝을 통해 축적한 일종의 숫자 감각'이다. 이 감각을 몸에 익히면 경영자로서 강해진다. 그런 면에서 소프트뱅크에서 회귀 분석을 수행하는 건 경영자 육성 작업의 일환이라고도 볼 수 있다. 이만저만해선 절대 손정의 사장의 수준에 도달할 수 없겠지만, 무엇이 비즈니스를 결정하는 요소인지를 숫자로 파악하는 훈련을 반복하는 건 결코 손해 날 일이 아니다. 경영자의 시선, 혹은 윗선의 관점을 몸에 익히기 위해서라도 반드시 회귀 분석을 마스터하는 게 좋다.

나도 손정의 사장의 수준에는 절대 이르지 못했지만, 회귀 분석을 익히는 과정에서 숫자를 보는 눈이 상당히 단련되었다는 점만큼은 확실히 실감하고 있다. 이는 문과, 이과 구분과는 상관없다. 누구든 제대로 마스터만 하면 상당히 유용한 도구이며, 이는 곧 업무 노하우의 습득으로 이어진다. 일단 나는 여러분들이 '회귀 분석이 어렵다'는 인식부터 버렸으면 한다.

인과관계를 부각시킨다

알기 쉬운 회귀 분석의 사례로 자주 다뤄지는 것이 '아이스크림 매출과 그날의 최고 온도 사이의 관계'다.

기온이 올라가면 아이스크림의 매출이 높아진다. 그렇다면 기온이 어느 정도 올라갔을 때 아이스크림의 매출이 늘기 시작할까. 그리고 그 증가폭은 어느 정도일까. 이런 양자 사이의 관계를 회귀 분석으로 찾아가면 '아이스크림 매출 $y=ax+b$'의 도식으로 나타낼 수 있다.

매출과 TV 광고 사이의 인과관계를 볼 때도 회귀 분석은 유용하다. '이 정도 TV 광고를 하면 이 정도의 매출이 오를 것'이라는 인과관계를 알면 목표 매출을 위해 적절한 TV 광고비를 끄집어낼 수 있다. 이를 통계 용어로 '제어'라 부른다. 어려운 말을 사용했지만, 여기서 포인트는 '계획할 수 있다'는 것이다.

또 키로 체중을 예측할 때에도 회귀 분석을 쓸 수 있다. 이 경우

인과관계라기보다 상관관계를 찾는다고 말하는 편이 더 적절할 것이다. 키와 체중의 보편적 관계에서 '이 정도의 키라면 체중은 대략 이 정도'라고 예측할 수 있다.

덧붙여 예측하고 싶은 변수를 '목적 변수', 목적 변수를 설명하는 변수를 '설명 변수'라 부른다. 아이스크림의 매출과 온도의 사례로 보자면 아이스크림의 매출은 목적 변수, 온도는 설명 변수라 할 수 있다.

목적 변수는 항상 하나이지만, 설명 변수는 여러 가지가 있어도 상관없다. 설명 변수가 하나일 때는 '단회귀'라 부르고 2개 이상일 때는 '중회귀'라 부른다.

아이스크림과 온도 사이의 회귀 분석은 '단회귀 분석'이지만, 만일 여기에 습도라는 요소가 더해지면 '중회귀 분석'이 된다. 목적 변수는 변함 없이 아이스크림의 매출이지만, 설명 변수가 온도와 습도 2가지가 되는 것이다.

사실 통계라는 말만 들어도 머리가 지끈지끈 아프다고 말하는 이들이 많다. 하지만 회귀 분석은 다른 통계기법에 비해 직감적으로 이해하기 쉽고 응용 범위도 넓다. 제대로 마스터만 해두면 다음 계획을 세우기 쉬워지고, 계획과 실적 사이의 PDCA도 돌리기 쉬워진다.

결정계수를
잊지 마라

그렇다면 실제 사례를 통해 회귀 분석에 도전해보자.

여기에서는 한 휴대전화 판매점의 일일 방문객 수와 계약 건수의 관계를 살펴보도록 한다.

우선 엑셀로 그래프를 작성한다. 방법은 간단하다. 실제 수치를 넣어 도표 〈7-1〉 그래프 중에서 '분산형' 옵션을 선택한다. 이것만으로 일일 방문객 수와 계약 건수를 표시한 그래프가 순식간에 완성되었다.

이어 '파일'의 '차트 요소 추가' 속에 있는 '추세선(주어진 데이터들에 근접하는 모양의 선)'을 선택한 뒤, '선형'을 클릭한다. 그러자 일일 방문객 수와 계약 건수의 관계를 보여주는 단회귀 분석의 직선이 그어진다〈도표 7-2〉.

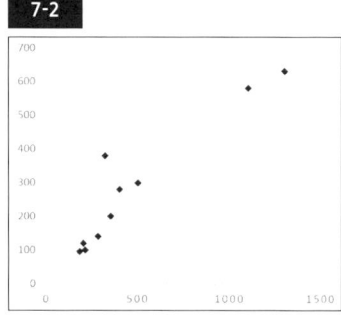

7-1		
지점	일일 방문객 수	계약 건수
A	1300	630
B	1100	580
C	500	300
D	400	280
E	350	200
F	320	380
G	280	140
H	210	100
I	200	120
J	180	95

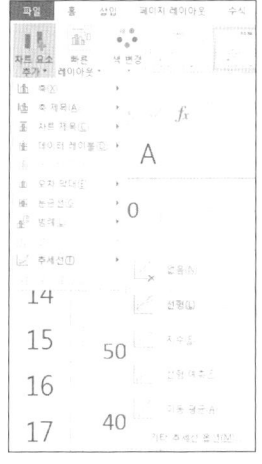
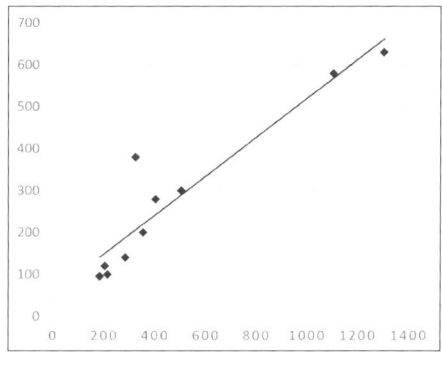

이것으로 회귀 분석이 완료되었다. 말로만 듣는 이미지보다 작업은 훨씬 간단하고, 파레토 차트보다 수고가 들지 않는다. 하지만 여기에는 이후 중요한 작업이 하나 더 남아 있다.

이 추세선이 현실에 얼마나 들어맞는지다. 얻을 수 있는 회귀식이 항시 들어맞는다고 할 수 없다. 들어맞을까, 아니면 들어맞지 않을까. 회귀 분석으로 구할 수 있는 선 회귀선이 어느 정도의 분포상을 정확하게 설명하는지 보여주는 수치를 구해야만 한다.

그 수치를 얻기 위해서 우선 지금 그은 추세선을 더블 클릭한다. 추세선의 서식 설정 화면이 뜨면 '추세선 옵션' 중에서 '수식을 차트에 표시'와 'R제곱 값을 차트에 표시'를 각각 체크한다 도표 (7-4).

'R제곱 값'이란 1차 관수의 직선인 'y=0.4647x + 57.603'이 어

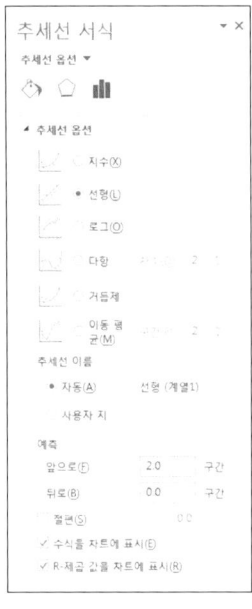
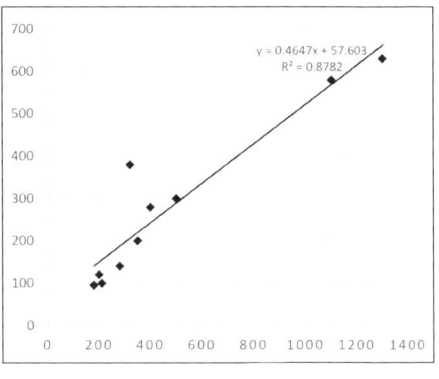

느 정도 들어맞는지를 보여주는 수치로, 흔히 이것을 '결정계수決定係數, Coefficient of Determination'라 부른다. 이 결정계수가 1에 가까워질수록 실제 분포에 들어맞는다고 할 수 있으며, 0.5 이상이면 대개 정밀도가 높은 편이라 할 수 있다. 그 나름대로 들어맞았다고 해도 무방하다.

그렇다면 이 〈7-4〉의 R제곱 값은 어떨까. 여기에서는 그 수치가 0.87이기 때문에 분포 모습이 상당히 정확하게 표시되었다는 것을 확인할 수 있다. 이를 손으로 계산하려면 상당한 수고를 요하지만, 엑셀을 사용하면 간단히 구할 수 있다.

이 결정계수를 그래프상에서 보여주면 추세선의 확실성을 누구한테든 설명하기 쉽다. 거꾸로 이를 넣지 않으면 '안 맞는 거 아니냐'고 논쟁이 벌어질지도 모른다. 따라서 결정계수는 반드시 그래프 속에 넣어두도록 하자.

PDCA 사이클이
논리적으로 돌아간다

완성된 회귀 분석을 사용하면, 앞으로 판매점 스스로 휴대전화의 계약 건수를 늘리려 할 때도 계획을 세우기 쉬워진다. 가령 계약 건수를 5000건 늘릴 거라는 목표를 세웠다고 치자. 이 회귀 직선에 기반하면 1000명의 방문객 수가 있는 장소에서 보급 활동을 10건만 늘려도 좋을 거라는 판단을 내릴 수 있다.

물론 그 활동만 하게 될 경우 아르바이트를 고용할 필요가 있다. 하지만 그렇게 되면 숙련도가 부족해 자신들의 현재 모델보다 나쁜 결과가 나올 거라는 예측도 쉽게 할 수 있다. 그렇다면 지금부터 아르바이트의 트레이닝을 강화하고 숙련도를 향상시켜야만 한다. 이를 위해서는 앞으로 2, 3개월 정도는 필요하다.

이렇게 회귀 분석은 향후 계획과 지금 현재 가진 자원 사이의 갭을 좁힐 때 큰 도움이 된다. 게다가 뭔가 아이디어를 짜낸 결과, 계획대로 실적이 따라왔다는 점도 확인할 수 있다. 소위 'PDCA 사이클'을 논리적으로 돌릴 수 있는 건 회귀 분석만이 가진 이점이라 할 수 있다.

또 이러한 점들은 모두 소프트뱅크에서의 내 경험에 기초해 있다. 회귀 분석을 토대로 '이 장소였다면 이 정도의 계약 건수를 획득할 수 있다'는 계획을 세워, 영업용 파라솔을 이 정도 쳐야 한다든지 직원을 이 정도는 조달해야 한다는 등의 수치를 계산해 ADSL 사업을 성장시킬 수 있었다.

실제로는 장소만이 아니라 사람 수, 숙련도 등의 요소까지 포함시켜 계산했지만, 여기에서는 예시로 계약 건수와 방문객 수만으로 회귀 분석을 실시했다. 물론 두 방식 사이의 기본적인 사고만큼은 완전히 같다.

누락 체크도
가능해진다

회귀 분석이 가진 또 하나의 장점은 '누락 체크가 가능하다'는 점이다. 만일 결정계수가 0.5 이하일 경우 자신이 생각하지 못했던 것 외의 요소가 관계되어 있을지 모른다. 휴대전화의 계약 사례로 보자면 방문객 수 이외에 날씨나 온도, 혹은 다른 요소가 얽혀 있을 가능성을 생각해볼 수 있다. 요컨대 '자신이 생각하는 가설이 바른지, 빠진 요소가 없는지 검증할 수 있는 것'이다. 이것이 바로 '누락 체크'다.

회귀 분석을 잘 사용하면 지금 자신이 하고 있는 비즈니스가 어떤 구조로 가능한지 구체적인 수치로 파악할 수 있다. 이는 회귀 분석이 경영자의 육성으로 이어질 수 있는 이유이기도 하다.

회귀 분석은 숫자를 사용한 개념 중에서도 가장 본질적이다. 그것만으로도 효과는 충분하다. 수학이나 통계라 하면 금세 어렵다고 느끼며 멀리하려는 사람이 적지 않다. 하지만 회귀 분석을 모른 채 비즈니스를 하기는 어렵다.

통계적인 분석을 덮어놓고 무작정 싫어하기 전에 일단은 단회귀 분석부터 시작해보자. 중요한 건 일단 해보는 것이다. 시행착오를 거치는 동안에도 다양한 인과관계나 상관관계가 보인다. 그 과정의 반복을 통해 마침내 비즈니스 숫자를 보는 감각도 한층 더 단련될 것이다.

이기는 보고서 8

프로세스 분석 시트

프로세스 정의로 단계별 상황을 파악한다

각 단계별로
업무의 진척상황을 따라가자

하나의 일에는 반드시 시작과 끝이 있다. 출발 지점부터 골인 지점까지 '어느 단계에서 문제가 발생해 이후 어떤 영향을 미치는지' 그 인과관계를 찾아내면 문제 해결이 빨라진다. 이기는 보고서 8에서 다룰 '프로세스 분석 시트'는 업무의 진척상황을 각 단계별로 따라가며 문제점을 발견할 때 도움이 되는 도구다.

여기에서는 건강식품, 영양보조식품 등을 판매하는 판매 회사를 사례로 들어보자. 이 회사는 온라인상에서도 신청을 받지만, 주로 아웃바운드(Outbound, 전화를 통한 영업) 활동을 중심으로 고객을 모으고 있다. 덧붙여 인바운드(Inbound)란 '고객으로부터 걸려오는 문의나 수주 등을 대응하는 업무'를 가리킨다.

아웃바운드 활동에 중점을 둔 이 회사에서는 특정 기간 동안 고객에게 2만 건의 전화 영업을 실시했다. '과거에 무료 샘플을 요청한 적이 있지만 최근에는 신청하지 않은' 이들의 리스트를 바탕으

8-1

영업 실적 보고

최종 계약 건수 400건

업무내용	비용	실시내용
아웃바운드센터 운영비	3000만 원	아웃바운드 2만 건
우편비	680만 원	신청서 2000통 발송
사무센터 비용	1280만 원	접수 800건, 심사 600건

로 한 아웃바운드 활동이었다.

 도표 〈8-1〉을 보자. 이 도표에는 업무내용과 비용, 그리고 실시내용 등이 기재되어 있다. 2만 건의 아웃바운드 활동에 드는 비용이 3000만 원이며, 신청서를 2000통 보내는 데 드는 우편비가 680만 원이었다. 이를 통해 접수 800건, 결제 600건에 드는 사무센터 비용이 1280만 원이라는 점도 알 수 있다. 도표 위에는 '최종 계약 건수 400건'이라는 숫자까지 나와 있다.

 하지만 이 도표에서 알 수 있는 정보는 이 정도가 전부라 할 수 있다. 그저 항목별 숫자를 나열했기 때문에, 여기에서는 무엇을 어떻게 하면 좋을지 전혀 보이지 않는다. 왜냐하면 도표상에 표면적인 건수만 나와 있기 때문이다. 만일 이 도표를 보고 '무엇을 어떻게 개선하면 좋을지' 아는 사람은 거의 초능력자나 다름없다고 할 수 있다.

입구와 출구를 정의해
변화를 쫓아간다

아웃바운드 활동에서 최종적인 고객 획득, 즉 신청자가 신용카드사의 심사(지불 승인)를 거쳐 건강식품 구입에 이르기까지는 몇 가지 프로세스가 있다. 이때 문제를 파악하기 위해서는 2만 건의 콜이 각 단계마다 어떻게 변화해가는지, 그리고 거기에 드는 비용이 얼마인지를 자세히 살펴봐야 한다.

그렇다면 그 프로세스를 구체적으로 생각해보자.

아웃바운드 활동의 다음 단계는 무엇일까. 바로 '신청서를 발송하는 작업'이다. 직접 회사로 전화를 걸어 '관심이 있으니 신청서를 보내 달라'고 요청하는 잠재 고객에게 신속히 신청서를 보내주는 작업이다.

물론 발송한 신청서 모두가 고객에게 제대로 전달될 리는 없다. 주소 기재 실수, 혹은 이사 등의 이유로 신청서가 되돌아오는 경우도 많다. 그때 다시 한 번 주소를 확인한 뒤 재발송할 필요가 있다.

되돌아온 신청서를 바른 주소로 다시 보내, 발송 작업을 다시 한 번 완료시키면 다음에는 접수 과정에 이른다. 고객들이 필수항목을 기입한 신청서류를 보내오면 이를 받아 '정식 신청'으로 수리하는 작업이다.

하지만 이것으로 작업이 다 끝난 건 아니다. 모처럼 상품을 신청했어도 신용카드 심사(지불 승인)를 통과하지 못하면 대금 지불에 이를 수 없기 때문이다. 거기에서 '신용카드사의 심사'라는 프로세스가 발생한다. 심사를 거쳐도 별문제가 없는, 대금 지불이 완료된 고객에게만 신청받은 건강식품을 발송할 수 있다. 진정한 의미에서 '고객을 획득했다'고 말할 수 있는 건 바로 이 단계다.

즉 이 같은 일련의 영업 흐름에서 입구는 아웃바운드이며, 출구는 건강식품의 발송 시점이 된다. 분모는 '아웃바운드 2만 건'으로, 일단 이것부터 명확히 설정해두자. 이처럼 프로세스 분석 시트를 작성하는 건 입구와 출구를 명확히 정의하고, 입구의 숫자를 명시한 뒤 이 수치가 출구를 향해 어떻게 변화해가는지를 쫓아가는 작업인 셈이다.

수율이 10%가 된 이유

아웃바운드를 입구로 설정하고 2만 건을 분모로 삼아 프로세스마다 수치가 어떻게 변화하는지, 또 그것으로 어느 정도의 비용이 발생하는지를 도표로 나타내본다. 바로 그것이 도표 〈8-2〉의 영업 흐름 분석이다.

이를 보면 '3000만 원의 비용을 들여 전화 영업한 2만 건이 다음 프로세스인 신청서 발송 단계에서는 2000건으로 줄어든다'는 사실을 알 수 있다. 2만 건의 콜 수가 갑자기 2000건으로 줄었기

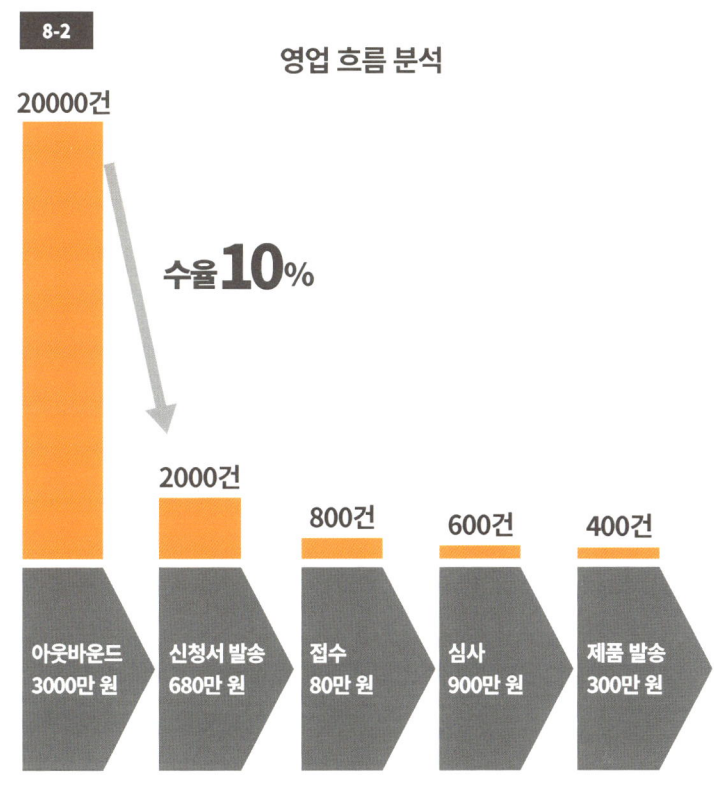

때문에, 이 단계에서의 수율 전체에서의 신초율은 10%에 그치게 된다. '전화를 걸었던 10명 가운데 1명밖에 신청하지 않았다'는 말이다.

다음 프로세스를 보자.

신청 의지를 보인 고객 2000명에게 680만 원의 비용을 들여 신청서를 발송한 결과, 필요사항이 기입된 채 돌아온 신청서는 800

건. 이 800건의 접수 작업을 위해 회사에는 80만 원의 비용이 추가로 발생했다.

이 800건 중 600건을, 그것도 900만 원의 비용을 들여 신용카드사의 심사를 거치자 심사를 통과한 건 400건이었다. 이것이 이번 아웃바운드 활동에서 최종적으로 획득한 고객 숫자다. 신용카드사의 심사를 거친 고객에게 건강식품을 발송하기 위한 비용이 300만 원. 이로써 일련의 영업 활동은 가까스로 결승선에 도달할 수 있었다.

자, 그런데 이 〈8-2〉를 보면 어딘가 문제점이 있다는 사실을 알게 될 것이다. 바로 '아웃바운드로부터의 수율'이다. 3000만 원이란 거액을 들여 2만 명에 달하는 고객에게 전화 영업을 했지만, 다음 단계에서는 불과 10분의 1로 줄어버렸다.

고객 2만 명은 이전에 무료 샘플을 요청했던 이들이기 때문에, 회사의 건강식품에 조금이나마 관심을 가진 그룹이라 할 수 있다. 일종의 잠재 고객인 셈이다. 그런 우호적인 배경을 가졌음에도 불구하고 구매 고객을 10분의 1밖에 얻지 못한 이유는 무엇일까. 문제 해결의 길은 이러한 의문에서 시작된다.

〈8-1〉만 봐선 절대 이런 의문이 생기지 않는다. 하지만 입구와 출구를 명확하게 해 숫자의 변화나 비용을 쫓아갔기 때문에 비로소 심플하면서도 본질적인 의문, 즉 '왜 이렇게 되었을까?' 하는 의문이 생긴 것이다.

전화한 시간대에
문제가 있었다?

이전에 샘플을 요청한 적 있는 건강식품회사에서 전화가 걸려와, 세일즈 담당자에게 상품에 관한 설명을 들었다. 그럼에도 이후 "저한테도 신청서를 보내주세요"라고 말한 고객이 적었던 이유는 무엇일까.

그 이유 중 하나로 '전화 내용이 나빴다'는 점을 생각해볼 수 있다. 마치 구매를 강요하는 듯한 전화였을지 모르고, 제품의 이점을 제대로 전달하지 못한 대화였을지도 모른다. 혹은 전화가 걸려온 시간대가 문제였을 수 있다. 그 역시 하나의 유력한 가설임에 틀림없다. 건강식품의 내용물 운운하기보다 '상대방의 상황을 고려하지 않은 채 업무가 바쁜 시간대에 전화를 걸어 불만을 초래해 신청할 마음 자체를 사라지게 했다.' 이 역시 충분히 생각해볼 수 있는 이유다.

사실 내막을 조사해보니 이 회사에서는 전화 영업 시간대를 오후 6시까지로 한정짓고 있었다. 그로 인해 업무가 바쁜 시간대에 전화가 집중되었다. 하지만 전화 영업 시간대를 오후 8시까지 연장한 결과, 이 회사는 수율을 5% 정도 올리는 데 성공했다. 같은 내용이었음에도 불구하고 '업무 이후 저녁식사가 끝나고 조금 여유로울 수 있는 시간대에 전화하는 게 훨씬 더 효과적'이라는 사실을 알아낸 것이다.

우선순위를 매겨
해결책을 생각한다

신청서를 보낸 2000건 가운데 800건밖에 접수를 받지 못한 낮은 접수율도 큰 문제였다. '봉투가 너무 평범해서 사람들이 안 열어본 게 아닐까?' '신청서의 기입항목이 너무 많았던 건 아닐까?' 같은 가설을 세워 조사해볼 필요가 있다. 또 신용카드사의 심사에 600건을 내 그중 3분의 2에 해당하는 400건밖에 통과되지 못한 건 리스트 자체의 신뢰도가 낮았을 가능성이 농후하다.

이렇게 각 프로세스마다 가설을 세우고 우선순위가 높은 것부터 해결해가다 보면 성과를 내기 쉬워진다. 이 사례를 두고 말하자면, 우선순위가 높은 건 아웃바운드 활동상에서 수율이 낮았기 때문이다. 따라서 우선 그 지점부터 가설 검증에 착수해본다.

목표 수치를 처음 수치로 나눠 최종적인 수율을 내는 것만으로는 어느 단계에 문제가 있는지 알기 어렵다. 그럴 경우 우선순위를 매기는 것조차 힘들다. 효과가 있을 것 같은 방법만 일률적으로 하다 보면 결국 어렴풋이, 또 애매한 성과밖에 얻을 수 없다.

이전에 아웃바운드 활동을 했을 때에는 더 높은 수치였는데, 이번에 낮은 건 왜 그럴까. 이번 회와 달랐던 결정적인 차이가 있다면 무엇이었을까. 그러한 차이를 알기 위해서라도 우선순위를 매겨 검증해보자. 단, 이때 지나치게 서둘러서는 안 된다. 단계별로 하나씩 차근차근 실시하는 게 중요하다.

정의의 중요성
- 나비와 나방 이야기

앞서 이기는 보고서 1의 그룹 관리 부분에서도 이야기했지만, 프로세스 분석 시트 역시 개념 정의가 매우 중요하다. '이 업무가 어떤 작업인지' 하나하나를 명확하게 정의하고, 업무와 업무 사이의 단락이나 틈을 제대로 파악하지 않으면 실태를 알기 어려워진다.

여기서 정의의 중요성을 보여주는 의미로 '나비와 나방 이야기'를 소개해두고 싶다.

일본에서 나비와 나방은 각각 다른 곤충으로 간주되고 있다. 하지만 나비와 나방을 구별하지 않고 둘을 일괄적으로 '나비'로 보는 국가도 있다는 사실을 여러분은 알고 있는가.

프랑스에서는 나비, 나방 할 것 없이 모두 '빠삐용'이라 부른다. 나비와 나방에 대한 정의가 다르지 않다는 건 둘의 구별이 없다는 것이나 마찬가지다.

일본인들은 '낮에 활동하고, 날개를 세워 멈추며, 유충이 애벌레인 곤충'을 나비로 간주한다. 그리고 그 외에는 모두 나방이라고 생각한다. 하지만 실상 이 둘의 생태적인 차이는 거의 없다고 볼 수 있다. 둘은 마찬가지로 '나비목'에 해당되며 명확히 구별할 수도 없는 존재다.

그런 의미에서는 나비와 나방을 동일시하는 프랑스가 옳다고 할 수 있을지 모르나, 이 이야기는 프랑스와 일본 중 어느 쪽이 옳은지에 관한 것이 아니다. 그저 '사안을 명확하게 정의해두면, 그 정의를 바탕으로 우리가 인식하고 행동하게 된다'는 점을 보여주는 하나의 사례일 뿐이다.

==모두가 '이건 나비, 저건 나방'이라고 생각하면 우리는 그 정의에 따라 움직이게 된다. 정의가 반드시 엄밀할 필요는 없다. 오차로 인정되는 범위라면 그것만으로도 정의는 충분하다. 그러므로 일에서도 업무의 정의, 각 업무별 구분을 명확하게 했으면 한다. 정의가 없으면 모두가 정의를 결정할 것! 바로 이 작업을 잊지 않고 실시하도록 하자.==

업무의 함정을 잡아라

여기에서 프로세스 분석 시트의 작성 포인트를 정리해보자.

프로세스 분석 시트, 바로 이것이 작성의 포인트다!	
포인트 1	프로세스를 명확하게 정의한다.
포인트 2	첫 투입부의 숫자를 명확하게 한다(그룹 관리와 동일한 원리).
포인트 3	각 프로세스별로 수율을 파악한다.

중요한 건 첫 2만 건의 아웃바운드 활동이 각 단계마다 어떻게 변화하고 마지막에는 어떻게 되었는지, 그 추이와 수율을 살펴보는 것이다. 수율이 나쁜 프로세스에서 문제 해결을 위해 움직이면 좋다.

컨설턴트를 하면서 자주 느끼는 게 '정의조차 제대로 하지 않은 채 숫자만 무턱대고 쫓아가는 회사가 의외로 많다'는 점이다. 그런 회사에서는 문제가 있을 경우 대개 변칙적인 숫자로 처리하기 쉽다. 하지만 그것으로는 아무리 시간이 지나도 근본적인 문제 해결에 이르지 못한다. 게다가 비용을 억제하지도 못한다.

프로세스 분석 시트는 여러 개의 프로세스가 있고, 각각의 작업이 이뤄져 최종 성과물을 얻을 수 있는 타입의 업무나 영업, 운영 과정에서 널리 활용될 수 있다. 작성 포인트 1~3에 기반해 분석하다 보면 업무의 '함정'을 발견하고 문제점을 해소할 수 있는 단서를 반드시 찾게 될 것이다.

이기는 보고서 9

프레젠테이션

수치가 뒷받침되는 원 메시지, 원 이미지

기획서와의 차이를
반드시 인식하자!

　　　　　　　　　프레젠테이션, 즉 PT에는 각자만의 방식이 있다. 그 독자적인 방식에 기반해 자신감을 갖고 하다 보면 어느새 청중을 납득시키고 감동을 부르는 PT가 가능해진다. 이기는 보고서 9에서는 알기 쉽고 설득력이 높은, 게다가 듣는 이의 마음에 확실한 울림까지 줄 수 있는 PT의 방법을 소개한다.

　다만 여기서 한 가지, 'PT용 자료와 기획서의 차이'에 대해 반드시 주의해줬으면 한다. 기본적으로 이 둘은 주연 자체가 다르다. 불특정 다수를 앞에 두고 하는 PT의 주연은 어디까지나 말하는 사람, 즉 '발표자'다. 파워포인트로 작성한 PT용 자료는 보조로, 어디까지나 주연을 뒷받침하는 조연에 지나지 않는다.

　한편 기획서의 주연은 '사람'이 아니다. 주연은 어디까지나 '기획서 그 자체'다. 보여주는 상대도 한정되어 있고, PT처럼 불특정 다수를 대상으로 하지 않는다. 기획서는 만든 이의 손을 떠나 홀로 여기저기를 떠다니는 경우가 많다. 아니, 홀로 여기저기 떠도는 것을 전제로 만든 게 기획서라 해도 무방하다.

　기획서와 PT용 슬라이드는 각각 '보는 이와의 거리'도 다르다. 기획서는 읽는 사람과의 거리가 가깝다. 글자가 많은 기획서는 주변에 두고 읽는 게 보통이며, 대개 적극적으로 정보를 파악하려는 자세로 읽는다.

　하지만 파워포인트로 만든 PT용 슬라이드는 그렇지 않다. 어느 정도 거리를 두고 보게끔 설정되어 있다. 화면에 비춰진 내용을 청중이 떨어진 위치에서 본다는 점을 전제로 삼아, 정보를 너무 가득 담아두면 보는 이가 제대로 집중할 수 없다.

TV = 프레젠테이션

　　　　　　　　　　이와 닮은 것이 바로 'TV와 인터넷의 관계'다. 지금까지 TV 업계는 TV를 인터넷에 접속해 쌍방향으로 이용하고자 다양한 노력을 강구해왔다. 시장에서는 그 기능이 가능한 제품이 잇달아 발매되었지만 널리 보급되지는 못했다. 그건 어디까지나 '시청 거리'가 영향을 미쳤기 때문이었다.

　사용 목적에 따라 신체 자세나 시청 거리는 달라진다. 기본적으로 TV는 가까이서 보는 게 아니다. 화면의 지근거리까지 다가가 보는 이는 아마 어린 아이 정도일 것이다. 하지만 인터넷은 가까이서 보는 게 당연하다. 떨어진 장소에서 리모컨으로 조작해 TV를 보듯, 우리는 떨어진 장소에서 스크린에 비춰진 파워포인트 슬라이드를 본다.

그러므로 TV의 인터넷 이용은 아무리 시간이 지나도 널리 확산되기 어렵다. 마찬가지로 파워포인트로 작성된 PT용 슬라이드는 기획서에 어울리지 않고, 기획서 또한 PT용으로는 어울리지 않는다.

==주연도, 시청 거리도 근본적으로 다르기 때문에 아무리 테마가 같아도 기획서를 PT용 자료로서 그대로 사용해선 안 된다. 이를 안이하게 전용하는 사람들을 간혹 볼 수 있는데 그건 큰 잘못이다. 기획서와 PT용 자료는 반드시 구분해 작성하고 사용해야만 한다.==

슬라이드 내용 이외의 것에
대부분의 시간을 사용하자

발표자가 '주연'이고, 파워포인트에 의한 슬라이드는 '보조'다. 바로 이것이 PT의 본질이라고 앞서 설명했다.

하지만 수많은 강연회나 세미나에서 이 원칙을 뒤엎은 PT를 자주 접하게 된다. 이 경우 주연인 발표자는 단지 슬라이드를 보고 읽는 역할에 지나지 않고, 청중은 발표자의 얼굴을 보지 않은 채 슬라이드 자료만 읽을 뿐이다. 슬라이드에 나온 내용 이상의 이야기가 주연(발표자)의 입에서 나오지 않기 때문에, 어느 순간 청중은 지루해하고 심지어 조는 경우도 심심치 않게 볼 수 있다. 아마 이 책을 읽는 여러분도 이런 광경을 보거나 체험한 적이 많을 것이다.

좋지 않은 PT의 전형이 바로 '기업의 결산 발표장'이다. 대부분의 발표장에서는 슬라이드를 절반 이하의 사이즈로 축소한 자료가 배부된다. 그로 인해 참석자인 언론 관계자들은 자리에 앉자마자 빠른 기세로 자료를 읽어 내려간다. 이미 PT는 크게 상관없다. 참석자의 목적은 결산 발표 PT를 듣는 게 아니라 자료를 입수하는 데 있기 때문에 이는 당연하다면 당연한, 또 효율적이라면 효율적인 행위다.

시종일관 주연이 슬라이드를 그대로 읽는 PT에서는 아무런 감동을 느낄 수 없다. 따라서 사람의 마음이 움직일 리도 없다.

'청중이 이야기를 더 듣고 싶어 하고, 그 내용에 마음이 움직여 진심으로 감동한다. 이를 통해 이야기한 내용이 머릿속에 뚜렷이 각인된다.'

바로 그런 PT를 지향한다면 발표자는 슬라이드 내용이 아니라, 그 이외의 이야기에 대부분의 시간을 써야 한다. 슬라이드를 읽는 설명조가 아니라 청중과 대화하는 듯한 말투로, 슬라이드를 잘 활용하면서 자신이 전하고 싶은 메시지를 이야기해야 한다.

읽는 사람이 한 번에 이해할 수 있는
슬라이드가 가장 좋다

사람의 마음을 움직이는 PT를 위해서는 하나의 슬라이드에 하나의 메시지만 담아야 보기에 간결하고 알기 쉽다. 누가 들어도 납득이 가고 이해할 수 있다. 슬라이드에는 전략적인 메시지가 명확하게 담겨 있기 때문에 듣는 사람은 그 메시지를 쉽게 이해할 수 있다.

반면 사람의 마음에 전혀 울림이 없는 PT 슬라이드는 대개 설명이 너무 많다. 슬라이드 1장에 필요 이상의 정보량이 담겨 있기 때문에 한눈에 봐선 무엇을 전하려는지 좀체 알기 어렵다. 정보량이 많은 슬라이드는 발표 자료라기보다 서류나 다름없다. 보는 사람이 제대로 따라가기조차 힘들다.

여기서 예시로 소개할 슬라이드로 도표 〈9-1〉을 봤으면 한다.

타이틀은 '다이어트 시장의 현 상황'이다. 이 슬라이드에는 일본인의 성인 비만율을 나타내는 원 그래프, 각 세대별 체중 컨트롤률, 다이어트 시장의 시장 규모 추이를 보여주는 막대그래프, 이렇게 3가지 그래프가 담겨 있다.

그리고 슬라이드 맨 아래에는 '일본인의 성인 비만율은 35%를 넘어……'로 시작되는 긴 문장이 이어진다. 문장이 네 줄이나 되기 때문에 읽는 데 다소 시간이 걸릴 것이다.

이 슬라이드를 보고 작성자가 이야기하고 싶은 내용을 딱 한 번

9-1

다이어트 시장의 현 상황

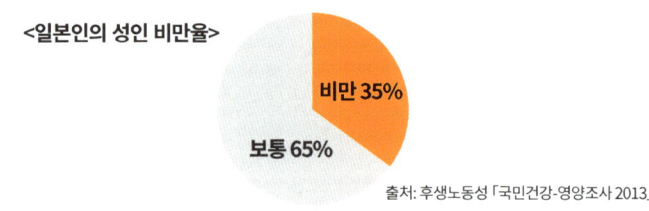

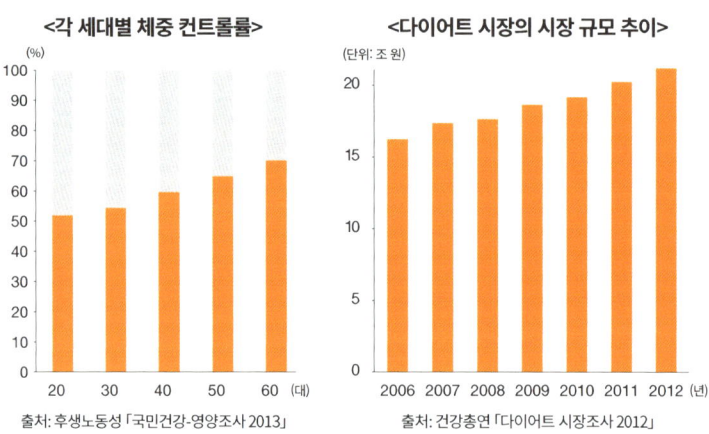

일본인의 성인 비만율은 35%를 넘어,
그 결과 각 세대별 체중 컨트롤률도 20대가 50%, 30대가 55%,
40대가 60%, 50대가 65%, 60대가 70%에 이르고 있다.
이러한 배경에 따라 다이어트 시장은 2006년 이후 매년 성장을 거듭하고 있다.

에 이해할 수 있는 사람이 과연 얼마나 될까. 아마 작성자와 그 관계자 정도일 것이다. 이를 통해 '일본인의 비만율이 꽤 높다'는 점을 알 수 있었다. 세대별로 보면 연령이 높아질수록 체중을 컨트롤할 수 있는 비율도 높아지는 듯하다.

그래서일까. 다이어트 시장의 시장 규모도 매년 확대되고 있다. 이를 찬찬히 살펴보면 그런 흐름 자체는 추측할 수 있지만, 이러한 자료를 통해 작성자가 전하고 싶은 메시지가 무엇인지는 솔직히 잘 모르겠다.

실은 이 슬라이드에서 가장 호소하고 싶은 내용, 즉 메시지는 '앞으로 다이어트 시장이 유망하다'는 점이다. 하지만 그것이 그래프나 문장에 등장하는 건 제일 마지막이다. 핵심 메시지 주위에 있는 정보가 너무 많기 때문에 도리어 핵심 메시지 자체가 희미해져 버린 것이다.

읽는 이에게 '작성자가 여기서 무엇을 이야기하고 싶은지' 생각하게 만드는 슬라이드는 PT용 자료로서 실격이다. 읽는 이가 보고 한 번에 이해할 수 있는 슬라이드를 목표로 해야만 한다.

프레젠테이션을 하는
이유

그렇다면 보는 사람, 듣는 사람의 입장을 고려하지 않은 채 내용을 이해하기 어려운 슬라이드가 범람하는 이유는 무엇일까.

나는 그 이유가 '정보량이 많은 슬라이드를 작성하면 뭔가 일을

==했다는 기분이 들기 때문'이 아닐까 싶다.== 앞서 소개한 〈9-1〉처럼 문자양을 늘리고 그래프나 그림, 사진 등을 담은 자료를 만들면 마치 일을 많이 한 자료처럼 보인다. 이는 어느 회사에서나 자주 볼 수 있는 경우다.

거꾸로 쓸모없는 정보를 줄인 심플한 자료를 만들면 '별로 수고하지 않은 듯' 보이고, 정보가 가득 담긴 자료를 만들어야 비로소 '일 잘하는 비즈니스맨'으로 인정받을 수 있다. 바로 그런 기업문화가 우리 주변에 만연해 있다.

나는 바로 이 부분에 잘못이 있다고 생각한다.

PT용 슬라이드에 필요한 건 누가 봐도 알기 쉬운 '심플한 메시지'다. 기본적인 정보량과 상관없이, 마지막 슬라이드 작성 시에는 쓸모없는 내용을 지우고 단 하나의 전략적인 메시지로 좁힐 필요가 있다. 바로 이것이 진짜 잘 만든 슬라이드라 할 수 있다.

==당신이 PT용 자료를 작성할 때 고려하는 건 상사인가 혹은 주위에 '노력한 것처럼' 보이는 것인가.==

==결국 PT의 주목적은 누군가에게 당신의 메시지를 전하는 데 있다. 그것이야말로 가장 우선시해야 할 목적이다.== 당신이 할 일은 바로 그 자리에 있는 누구나가 한눈에 이해하고 납득할 수 있는 슬라이드를 만드는 것이다.

원 슬라이드, 원 메시지, 원 이미지가 원칙!

여기서 효과적인 슬라이드의 구체적인 작성법을 소개해둔다.

우선 슬라이드는 '원 슬라이드, 원 메시지'로 작성한다. 바로 이것이 대원칙이다. 두 번째로 소개하는 슬라이드 도표 〈9-2〉처럼 말하고 싶은 메시지를 '다이어트 시장이 2012년에 20조 원대를 돌파했다'는 것으로 좁혀, 이를 나타내는 효과적인 그래프를 그린다. 즉 1장의 슬라이드는 하나의 메시지와 하나의 이미지로 구성되어야 한다. '원 슬라이드, 원 메시지, 원 이미지'인 것이다.

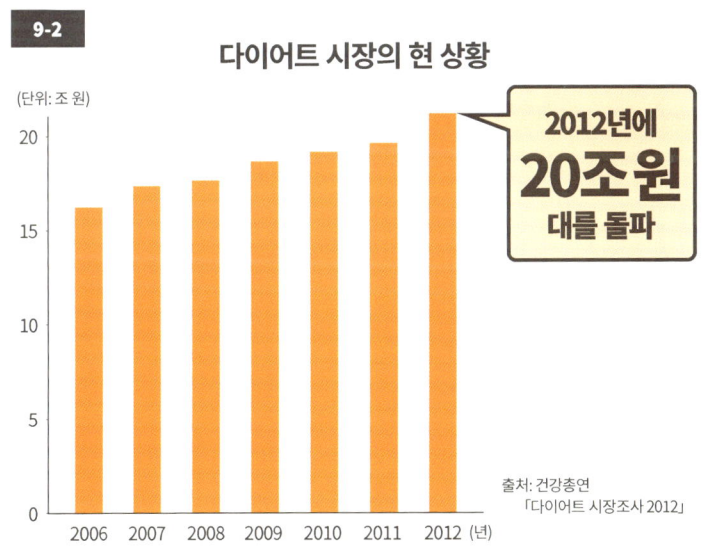

앞서 예시로 든 〈9-1〉에도 〈9-2〉와 같은 그래프가 담겨 있다. 하지만 〈9-1〉에는 그래프가 3개나 있고, 문장도 구구절절이라 도리어 핵심 메시지 자체가 약하다. 전하고 싶은 메시지가 '관련 시장이 20조 원을 돌파'한 것이라면, 이를 단적으로 보여주는 그래프 딱 하나만 그리면 된다. 쓸데없는 도표는 도리어 메시지를 약하게 만들고, 더 나아가 메시지 전달에도 방해가 될 뿐이다.

이미지가 슬라이드의 대부분을 점하는 건 역시 사람의 우뇌에 호소할 수 있기 때문이다. 우뇌는 감정을, 좌뇌는 논리를 관장한다. 짧은 시간 안에 청중에게 흥미를 주기 위해선 이미지 처리를 담당하는 우뇌에 어필할 수밖에 없다.

사람이 좌뇌를 이용해 논리적으로 생각하는 건 일단 감정이 움직이고 난 뒤의 일이다. 따라서 사람의 마음을 움직이는 PT에서는 이미지가 불가결하다. 다만 이미지 수가 너무 많으면 그 효과는 반감된다. 하나의 슬라이드에 담기는 이미지는 효과적인 메시지 단 하나로 좁히는 게 좋다.

메시지는
20자 내외로

슬라이드에 쓰는 글자 수에도 주의했으면 한다. 분량으로는 20자 내외가 가장 좋다. 청중이 슬라이드를 한눈에 보고 이해하기 위해서는 이 글자 수 범위를 최대치로 생각하자.

　글자 수가 이 이상으로 많아진다면 어떨까. 일단 내용을 읽으려고 집중한다. 그 문장이 의도한 바를 머리로 이해하고자 노력한다. 하지만 PT에서의 중요한 메시지는 머리에 스칠 뿐이다. 별다른 노력 없이, 그저 딱 보고 머리에 남는 글자 수는 20자 내외가 한계라 할 수 있다.

　그렇다고 짧은 게 마냥 좋다는 뜻은 아니다. 메시지가 내포하고 있는 전략적인 포지셔닝이나 전제조건, 시계열상의 개념, 혹은 대립적인 개념 등을 잘 담으면서 누락이 없도록 가급적 짧게 한다. 바로 이 기술이 가장 중요하다.

　덧붙여 심플하게 정리된 슬라이드는 '영어로 번역하기 쉽다'는 이점도 있다. 요즘에는 글로벌한 범위로 사업을 전개하며 PT용 자료를 영어로 작성하는 기업이 늘고 있다. 이때 네이티브 체크가 필요하다곤 하나, 짧게 응축된 메시지만 기록한 자료라면 영어로 번역하는 데 드는 수고, 혹은 비용도 크게 줄일 수 있다.

　그래프는 그대로 둬도 좋으며, 20조 원이라는 수치만 영어로 번역하면 그것으로도 충분하다. 결론이 명확한 문장은 영어로 번역하기 쉽다. 영어는 결론을 앞에 이야기하는 언어다. 영어 번역이 간단한 문장은 외국인도 이해하기가 쉬워 글로벌한 사업을 위한 PT용 자료에 적합하다.

짧은 시간에 메시지를 전하는
기술을 연마하라

이야기하고 싶은 내용을 효과적으로 짧게 정리한다. 이는 갖고 태어난 재능이 아니라, 트레이닝으로 충분히 습득 가능한 기술이다.

여러분은 '엘리베이터 토크(Elevator Talk)'라는 말을 들어본 적이 있는가. 엘리베이터에 함께 탄 이들이 짧은 시간을 이용해 상대에게 자신의 기획이나 요청을 전하고, 긍정적인 답변을 얻는 것을 의미하는 말이다. 이 같은 엘리베이터 토크는 소프트뱅크에서 거의 일상적으로 이뤄진다.

분초를 다투는 스케줄에 쫓기는 손정의 사장을 만나 이야기를 하는 건 누구에게나 어려운 일이다. 엘리베이터뿐 아니라, 짧은 시간이 생기면 그 자리에서 이야기를 시작해 손정의 사장의 승낙을 얻어야 한다.

여기에서 조금이라도 주저하거나 우물쭈물하면 그 자리에서 바로 '노(No)' 사인이 나온다. 결론을 먼저 이야기하지 않고 설명을 주저리주저리 이어가다 보면 그걸로 끝이다. 다음 스케줄에 쫓긴 손정의 사장이 금세 자리를 떠버리기 때문이다.

그와 이야기를 할 때는 첫 10초에 모든 승부가 난다. 한정된 기회가 왔을 때 곧 단칼에 베야 한다. 짧은 시간에 관심을 갖게 하고, 계속 듣고 싶게 만들어야만 다음 단계로 진행될 수 있다. 10초간 이야기를 듣게 하는 데 성공하면 그 후 더 상세한 논의가 가능해진다.

　소프트뱅크의 임직원들은 항시 이 같은 압박을 받으며 짧은 시간 동안 자신이 말하고자 하는 것, 전하고 싶은 것을 응축해 상대방에게 전하는 트레이닝을 받고 있다. 나도 손정의 사장 곁에서 항상 그렇게 행동하며 적지 않은 압박감을 받아왔다. 덕분에 용건을 짧고 명료하게 전할 수 있는 힘이 자연스레 몸에 익었다. 특히 이 트레이닝은 PT를 할 때 정말 큰 도움이 된다.

　'내가 전하고 싶은 가장 중요한 메시지를 어떻게 추출하고, 이를 짧은 문장으로 말할 수 있을까' 이런 생각을 가지고 10초 안에 승부가 나는 그 자리에서 역량을 발휘할 수 있도록 평소부터 상사에게 업무 보고를 할 때나 트위터상에서 메시지를 날릴 때 '결론부터 말하는' 습관을 들이도록 한다. 짧은 시간 내에 보는 사람, 듣는 사람의 마음을 움직일 수 있는 말을 짜낼 수 있게 미리미리 트레이닝 해두길 추천한다.

가로×세로 비율을 조정해 메시지성을 높인다

슬라이드에 들어 있는 도표의 가로×세로 비율에도 신경을 쓸 필요가 있다.

대부분의 PT용 슬라이드는 핵심 메시지가 아래쪽에 있다. 하지만 문장을 넣으려 하면 그래프의 세로가 짧아지고 가로 역시 줄어들 수밖에 없다. 그래서는 슬라이드에서 주장하고 싶은 내용이 아무리 '시장의 성장성'이라 하더라도, 그래프에서 '성장성'의 이미지가 옅어져 결과적으로 메시지 자체도 희박해진다.

여기서 꼭 이야기해두고 싶은 건 '가로×세로 비율의 조정'이다. 이는 단순히 그래프를 예쁘게 보이기 위해서가 아니라, 메시지를 효과적으로 연출하는 그래프를 완성하자는 취지에 따른 것이다.

만일 '시장 규모가 늘어나고 있다는 사실'을 더욱 강조하고 싶다면 도표 〈9-3〉의 슬라이드처럼 위에 화살표를 붙여도 좋다. 정보

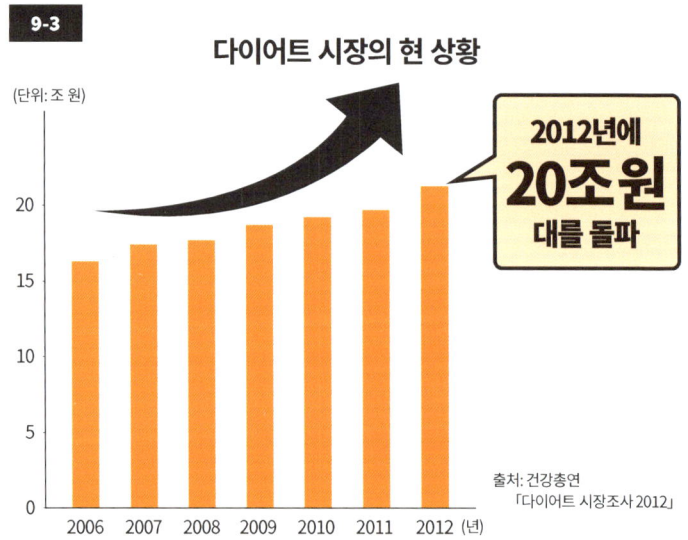

에 맞는 말풍선이나 화살표를 넣으면 메시지성은 보다 높아진다. 다만 이 모든 건 도표가 너무 단조롭고 어두운 느낌으로 그려지지 않는 범위 내에서 하는 것이 좋다.

   엑셀의 표준 양식으로 완성된 그래프를 그대로 PT용 자료에 붙이는 사람은 하나의 수고만 더해보자. 사실 엑셀의 표준 그래프에는 여분의 요소가 너무 많다. 그래프를 둘러싼 선, 가로축-세로축의 눈금, 범례 등은 불필요하다. 따라서 PT에 사용할 때는 심플하고, 메시지를 명쾌하게 전할 수 있는 그래프로 가공해야 한다.

사람을 끌어당기는 건
역시 숫자다!

                  PT에서 숫자는 필수 불가결하다. 모든 슬라이드에 숫자가 필요하다 해도 결코 과언이 아니다. 〈9-2〉의 슬라이드에는 그래프에 말풍선을 만들어 메시지를 넣었다.

   '2012년에 20조 원대를 돌파'

   그리고 '20조 원'이라는 문자를 키워 강조해두고 있다. 왜냐하면 이 숫자가 매우 중요하기 때문이다.

   만일 여기에서 숫자를 뺀 채 '시장 규모가 순조로이 확대'라고 표현하거나 '2012년에 21조 원'이라는 실제 정확한 수치를 넣는다면 어떨까. 아마 임팩트가 전혀 다를 것이다.

메시지에서 중요한 건 '해석'이다. 다만 사실을 있는 그대로 말하지 않고, 그 사실에 어떤 가치가 있는지를 숫자로 표현한다. 바로 이 같은 행위가 PT의 가치를 높인다.

〈9-2〉의 케이스로 말하자면 중요한 건 '21조 원'이라는 단순 사실이 아니라 '시장 규모가 계속 확대되어 마침내 20조 원을 넘어섰다'는 경향이다. 무미건조하게 숫자만 넣어서는 '그것이 회사에게 어떤 의미를 갖는지' 도통 알 수 없다. 메시지를 효과적으로 보여주는 숫자를 넣어 당신의 주장을 강조하도록 하자.

숫자가 가진
의미를 전하자

소프트뱅크의 결산 설명회에서 배포되는 자료를 보면 '숫자를 어떻게 넣는 게 효과적인지' 알 수 있다. 회사의 가치를 전달하는 숫자가 거의 모든 페이지에 담겨 있기 때문이다.

매출 페이지에는 소프트뱅크와 NTT 도코모, KDDI 등 업계 주요 3개사의 매출을 기록한 뒤 크게 'No.1'이라고 쓰여 있다. EBITDA(상각 전 영업이익)의 페이지에도 'No.1'이라고 크게 표기되어 있다. 여기에서 중요한 건 20조 원이라는 매출과 5조 9210억 원이라는 영업이익이 아니라 '업계 No.1'이라는 사실이기 때문이다.

모바일의 영업이익 페이지에는 '보다폰 인수 전 3년'과 '인수 후

'9년' 동안의 영업이익을 막대그래프화해 '인수 후 8배'라고 써놓았다. 이 페이지에서 전하고 싶은 메시지는 2014년도 영업이익이 2조 790억 원이라는 숫자가 아니라, 보다폰을 인수하고서 영업이익이 8배나 늘었다는 경향이기 때문이다.

숫자를 넣을 때 중요한 건 '연속적인 숫자에서 어떤 경향을 읽어내는' 것이다. 그리고 경쟁사나 자사의 과거 실적을 비교해 숫자에 어떤 의미를 부여한다. 또 숫자의 경향에서 미래를 예측하고 비전을 도출한다. 숫자에 따라 뒷받침된 각 슬라이드는 PT의 설득력을 크게 높인다. 여러분도 <mark>숫자를 단순한 숫자로 다루지 않고, 누구나 알 수 있는 쉬운 그래프로 가공해 숫자의 의미를 청중들에게 쉽게 전달했으면 한다.</mark>

페이지 번호 표시를 잊지 마라

숫자를 효과적으로 담은 '원 슬라이드, 원 메시지, 원 이미지'의 PT용 자료를 작성할 때는 반드시 페이지 번호를 매겨둔다.

특히 시간을 조정하고 싶을 때 이 페이지 번호는 매우 중요하다. 전체 20페이지 가운데 벌써 15페이지까지 이야기했는데 시간이 아직도 1시간 이상 남았을 경우에는 속도를 줄여 천천히 이야기하거나, 아직 10페이지까지밖에 이야기하지 못 했는데 시간이 30분도 채 안 남았다면 서둘러 진행하도록 속도를 조절할 수 있다.

내 경우에는 대략 1페이지당 3분 정도를 할애한다. 45분의 시간이 주어진다면 15페이지 정도를 만든다. 30분이라면 10페이지. 이 같은 계산으로 페이지 수를 봐가면서 이야기의 속도나 내용을 바꾼다. 물론 이 역시 페이지 수를 매겼기에 가능한 일이다. 만일 페이지 수가 없다면 현재 어느 정도까지 진행했는지를 파악하기가 어렵다. 그러다 보면 불안감이 커진다. 당황하지 않고 PT를 하기 위해서는 각 슬라이드에 페이지 수가 붙어 있는지 여부를 꼭 확인했으면 한다.

또 듣는 이의 감정을 극대화하기 위해 동영상을 이용할 수도 있다. 관객을 초청해 진행하는 버라이어티 프로그램은 녹화하기 전에 개그맨들이 나와 관객들의 호응도를 끌어올린다. 마찬가지로 PT에서는 동영상이 그와 같은 역할을 할 수 있다. 다만 너무 긴 동영상은 금물이다. 보는 사람이 지루해할 수 있기 때문에 되도록 몇 분 정도로 짧은 게 좋다.

여기서 소프트뱅크식 PT의 작성 포인트를 간단히 정리해봤다.

소프트뱅크식 프레젠테이션, 바로 이것이 작성의 포인트다!	
포인트 1	원 슬라이드, 원 메시지, 원 이미지
포인트 2	원 이미지는 가로×세로 비율에 주의한다.

포인트 3	메시지에 따라 말풍선이나 화살표를 넣는다.
포인트 4	메시지는 설명이 아니라 해석으로 한다.
포인트 5	메시지의 글자 수는 20자 내외로 한다.
포인트 6	메시지를 뒷받침하는 숫자를 넣는다.
포인트 7	마지막에 반드시 페이지 번호를 붙인다.
포인트 8	적당한 길이의 동영상을 활용하면 효과적이다.

테마 하나당
3가지 항목을 준비하자

자료를 다시 보며 페이지 번호를 붙이고, 틀린 곳이 없는지 확인하고 나면 이제 발표만이 남게 된다.

나는 발표할 때 분위기에 따라 이야기를 빼거나 더하면서 시간 관리를 하기 때문에 보통 시간이 부족하거나 시간이 크게 남는 일이 없다.

하나의 슬라이드에 대해 이야기할 내용을 3가지로 정하고, 각각의 슬라이드에 맞는 사례나 경험담, 과거의 생각 등 '곁가지 부분'을 사전에 미리 생각해둔다. 그러면 그 슬라이드를 보고 설명할 때, 내가 무엇을 말하는 게 좋을지 금방 떠올릴 수 있다.

일을 하다 보면 한 가지 테마에 3개 정도의 에피소드는 반드시 나온다. 그것이 없을 정도로 경력이 짧다면 기본적으로 PT 자체에 나서기도 어렵다.

4, 5개까지는 어려워도 3개 정도라면 누구나 한 번쯤 생각해볼 수 있을 것이다. 슬라이드 1장에 3가지 항목을 이야기하는 방향으로 발표를 진행해가면 좋다.

발표를 시작하기에 앞서 'ㅇㅇ에는 3가지 조건이 있다'고 미리 밝혀두면 뭔가 장황해지기 때문에, 속으로만 그저 '3가지를 말해야겠다'고 생각해두는 게 좋다.

이야기를 어디까지 키워 말할지는 경우에 따라 다르다. 고객의 반응이 좋으면 더 키우고, 나쁘면 그 부분은 뛰어넘어 다른 요소를 이야기하는 게 낫다.

이렇게 PT를 해가다 보면 시간 조정은 어느새 자유자재가 된다. 마지막에 가서 시간이 부족하다면 기본적인 내용은 슬라이드에 있으니 강조할 점만 집중적으로 전하고 마무리하면 된다.

무의미한
자료 낭독과 암기

PT에서는 무엇보다 생동감이 중요하다. 듣는 이들의 반응을 보자. 청중이 웃으면 함께 웃으며 여유를 두고, 서로 이야기를 주고받다 보면 현장의 생동감은 저절로 높아진다.

간혹 PT용 자료를 모두 부하 직원에게 만들도록 해, 정작 발표자인 상사가 자세한 내용을 모르는 경우가 있다. 만일 발표 내용을 잘 모르면 어떻게 될까. 아무래도 그저 자료를 보고 읽는 행위로 전락해버릴 우려가 있다. 이런 경험을 겪어본 이들이 의외로 꽤 많지 않을까.

슬라이드에 넣는 이미지 사진 등을 부하 직원에게 시킨 정도라면 문제없지만 PT에서 전하고 싶은 메시지만큼은 반드시 발표자 본인이 작성하는 게 좋다. 본인이 필사적으로 메시지를 생각하다 보면 자연히 더하고 싶은 것, 더 키우고 싶은 항목이 머릿속에 떠오를 것이다.

간혹 지나치게 걱정한 나머지 자료 내용을 모두 암기해 PT에 임하는 사람도 있지만, 이러한 방식은 도리어 역효과를 낳기 쉽다. 슬라이드에 적힌 내용 자체를 모두 기억하기란 거의 불가능하며, 가령 전부 기억했다고 해도 발표 시 외운 티가 많이 나 자칫 지루해질 수 있다. 발표자가 암기한 내용을 담담하게 읽어 내려가는 PT는 무엇보다 재미가 없다.

또 암기한 내용을 그대로 말할 때는 긴장하기 쉬워진다는 문제점도 있다. 기억한 내용이 입에서 안 나오면 머릿속이 새하얘진다. 쓸데없는 긴장을 없애는 게 중요할 뿐 가급적 암기는 하지 말자. 간혹 자신이 없어서, 혹은 내용을 사전에 잘 이해하지 못했다는 이유로 슬라이드를 그저 죽 읽는 경우가 있는데, 이는 PT 자체의 가치를 훼손할 뿐이다.

　PT의 생동감은 슬라이드에 나오지 않는 내용을 이야기할 때 생겨난다. 자료에 없는 것을 이야기하므로 듣는 사람 입장에서도 놀라거나 흥미를 갖고, 또 집중력을 높이게 된다.

　슬라이드 내용을 자료로 정리해 사전에 배포했다 하더라도, 발표자가 자료에 없는 내용을 말하면 듣는 이는 반드시 귀를 기울이게 되어 있다. 하지만 자료 내용만 그대로 이야기하는 경우라면 더 들을 필요가 없다고 판단하고 관심을 끊는다.

　==앞서 이야기했듯 PT의 주연은 어디까지나 발표자다. 바로 이야기를 하는 '당신'이다. 그저 '보조적인 역할'인 슬라이드를 잘 사용해 강력한 존재감으로 그 자리를 압도해버리자.==

타깃에 따라
이야기하는 내용을 바꾼다

　　　　　　　　　PT는 동일한 테마에 대한 이야기를 하고, 동일한 슬라이드를 준비해 임하더라도 그 대상이 다르면 내용이 바뀌어야 한다. 예를 들어 중장년층의 비즈니스맨들이 모인 장소에서 하는 PT라면 카세트테이프와 관계된 이야기를 해도 좋지만, 어린 학생들을 대상으로 그런 이야기를 해봤자 별 의미가 없다. 카세트테이프의 존재 자체를 모르는 세대는 그 화제 속에 담긴 메시지를 제대로 이해할 수가 없을 것이다.

언제 발표할지에 따라서도 내용이 달라진다. 당일 아침 신문의 1면에 게재된 기사를 다루는 것도 좋다. 발표장에 모인 사람들이 그때 당시 흥미를 가질 만한 토픽으로 발표를 시작하는 것 역시 꽤 효과적이다.

손정의 사장은 2011년 4월에 실시한 '자연 에너지 재단'의 설립 표명장에서 다음과 같은 한 마디로 연설을 시작했다.

"사실 저는 24시간 이것을 소지한 채 걷는데요. 자, 한번 봅시다. 이 방의 방사선량이 0.1마이크로시벨트네요."

그렇게 말하며 가이거뮐러 계수기(방사선 감축기)를 청중들에게 보여줬다. 당시가 동일본 대지진, 후쿠시마 원전 사고 등이 벌어진 시기였던지라 청중들은 바로 손정의 사장의 이야기에 집중했다. 역시 시류에 어울리는 화제와 소품 등을 사용하면 청중의 관심을 끌어당길 수 있다.

강약장단이 있는 말투로
청중의 마음을 사로잡아라

만일 PT를 듣지 않는 사람이 눈에 들어왔을 때는 어떻게 해야 할까. 여기에서는 그 대응책에 대해 소개해둔다.

발표를 듣는 사람 중에는 스마트폰을 만지작거리며 집중하지 않는 사람이 있을지 모른다. 또 앉은 채로 조는 사람도 눈에 들어올지 모른다.

그런 때에는 상황을 봐가면서 질문을 던져 손을 들게 하는 등, 듣는 이들로 하여금 참여의식을 부여하는 게 좋다. 그러면 졸린 사람도 눈을 부비고 깨거나, 스마트폰을 만지작거리던 사람도 스마트폰에서 시선을 떼고 고개를 들 것이다.

강약장단이 있는 말투도 사람들의 관심을 끈다. 주구장창 같은 페이스, 같은 톤으로만 이야기하지 말고 강조할 부분은 강조해보자. 예를 들면 '2012년에는 20조 원을 돌파한다'는 메시지를 강하게 호소하고 싶다면 '20조 원' 부분을 크게 이야기한다.

처음에는 낮은 톤으로 이야기를 시작하는 것도 효과적이다. 이는 손정의 사장의 PT에서 자주 볼 수 있는 패턴이다. 그의 PT는 처음부터 높은 톤이 아니다. 굳이 선택하자면 처음에는 차분한 어투로 시작하는 게 좋다.

==그리고 전하고 싶은 메시지를 높은 톤으로 말하고, 점점 긴장감을 더해 고성을 낼 때는 목소리를 뒤집으면서 마지막에는 거의 울부짖듯이 끝낸다. 이런 감동적인 PT도 발표자 자신이 먼저 곱씹어보고, 메시지를 잘 손질해 진실로 청중에게 전하고 싶다는 마음으로 전개했기 때문에 실현할 수 있는 것이다.==

물론 이 같은 전달법은 손정의 사장의 캐릭터 영향도 크기 때문에 누구나 성공한다는 보장은 없다. 나도 별로 자신은 없지만, 강약장단이 있는 말투를 통해 내가 가장 주장하고 싶은 부분만큼은 강조하고자 하는 편이다.

  마지막으로 질의응답에 대한 내 생각도 간략히 적어두고 싶다.

  질문은 가급적 솔직하게 받는 것이 가장 좋다. 만일 질문하는 사람이 아무도 없고 발표장이 쥐죽은 듯 조용한 경우, 안면이 있는 사람이라도 무턱대고 지명해 어떤 질문이든 받는 방법을 추천하고 싶다.

  가령 이상한 질문이 나와도 '좋은 질문입니다'라고 평가한 뒤 답을 하면, 다음 사람이 그만큼 질문하기 쉬워진다. 한 명이라도 자발적인 질문자가 나오면 이후 2, 3명 연이어 나오기 쉽다. 상황을 봐가며 생동감을 중시하다 보면 그 자리의 분위기는 더욱 좋아질 것이다.

이기는 보고서 10

기획서

결론부터 쓰고 숫자로 증명하라

A4지 1장으로 정리하자

기획서는 '처음 몇 초 안에' 승패가 나뉜다. 처음 몇 초 안에 상대방의 관심을 끌지 못하면 그걸로 끝이다. 딱 봤을 때 '재미있을 것 같다' '흥미롭다'고 느껴야 상대방은 비로소 '더 알고 싶다' '더 읽고 싶다'고 여기게 된다. 일단 재미가 없다고 판단되면 그걸로 끝이다.

교묘한 화술로 처음 10초 안에 상대방의 마음을 사로잡듯, 잘 완성된 기획서도 사람을 매료시키고 상대방의 마음을 얻는다. 순식간에 관심을 얻을 수 있는 기획서를 쓰고 싶다면, 우선 A4지 1장으로 내용을 정리하자. 몇 장이 아니라, 반드시 1장으로 내용을 완결시켜야만 한다.

상대방에게 페이지 수가 많은 기획서를 건네면 과연 읽고 싶은 마음이 생길까. 바쁜 비즈니스맨들이라면 매수가 많은 기획서를 건네받는 것만으로도 넌더리를 칠지 모른다. '2페이지 정도면 되지 않을까' 하는 생각도 아예 접어두는 게 좋다. 바쁜 사람은 페이지를 넘기는 수고조차 번거롭게 여길 것이다.

==기획서는 A4지 1장. 이 분량으로도 기획의 취지나 핵심을 충분히 전달할 수 있다.==

나도 이전에는 기획서를 잘 못 썼다. 여기저기 곁눈질해가며 그 나름대로 기획서를 작성했지만 지금 돌아보면 쓸데없는 요소들로 가득 차 있었다. 숫자의 표현법도 임시방편일 뿐, 이해하기 어려운 기획서밖에 쓰지 못했다.

결론은
처음에 전달한다

다음 페이지에 예로 든 '기획서 1'을 살펴보자 (도표 10-1).

이 기획서를 읽고 한눈에 무엇에 관한 기획서인지 이해할 수 있는 사람이 과연 얼마나 될까. 오직 눈에 들어오는 건 '신규 사업 기획서'라는 표제뿐이다. 이걸로는 어떤 기획을 말하고 있는지, 어떤 신규 사업인지 도통 알 수가 없다.

가운데 '기'라는 글자 아래로 기획한 신규 사업의 내용이 기재되어 있다. 하지만 첫 부분이 '시장 분석'이기 때문에 무엇을 기획하고 싶은지 여전히 오리무중이다.

이를 하나씩 읽어가다 보면 '40대부터 60대까지 비만자가 35%

10-1 기획서1

2015년 4월 1일
신규 사업 프로젝트팀
리더 아마다 타로

신규 사업 기획서

표제의 건, 신규 사업 계획에 대해 '신규 사업 프로젝트팀'으로 검토를 진행했다. 이번 검토 결과에 대해 정리한 내용을 아래와 같이 보고한다.

기(記)

시장 분석
① 현 상황. 일본인 성인 비만자는 35%를 넘고 있다.
② 각 세대별 50~70%가 체중 조절을 실천하고 있다.
③ 2012년 다이어트 시장 규모는 25조 340억 원.

당사의 현 상황
① 콩가루를 주축으로 한 콩 가공기술에 대해서는 업계 최고 수준이다.
② 현 상황에서도 국내 유수의 대두 취급량으로 가격 경쟁력이 있다.
③ 판매 채널은 당사 → 도매 → 소매라는 흐름을 유지해 이익률이 낮다.
④ 당사 상품을 구입해주는 고객 리스트는 없다.
⑤ 식생활의 변화 속에서 콩가루 등 당사 제품의 수요는 감소하고 있다.

신 프로젝트의 개요
① 콩가루를 기초로 곤약을 섞은, 당분 없는 쌀과 유사한 알갱이 형태의 건강 식품을 개발한다.
② 판매는 인터넷을 중심으로 한 직판 형태를 띤다.
③ 가격은 1Kg당 5000원(소비세 별도)으로, 원가는 1Kg당 1000원 이하로 한다. 이로써 쌀에 대한 경쟁력 있는 가격을 지향한다.
④ 제조는 자사 공장에서 한다.

이상

를 넘는다는 점, 각 세대의 50~70% 정도가 체중 조절을 실천하고 있다는 점, 2012년 다이어트 시장 현황이 25조 340억 원이었다는 점'을 알 수 있다. 하지만 여기까지 읽어도 여전히 기획 내용을 제대로 파악하기는 어렵다.

'시장 분석'을 다 읽으면, 이번에는 '당사의 현 상황'이 나온다. 각 항목별로 기재되어 있으며, 전부 5가지 항목이 당사의 현 상황으로 소개되었다. 하지만 여기까지 읽어도 신규 사업의 내용은 여전히 불분명하다.

시장 분석과 당사의 현 상황을 통해 '자신들이 잘하는 콩 가공 기술을 활용해 어떻게 하면 비즈니스로 완성시킬까' 유추해볼 수도 있지만, 아직은 결론 부분이 나와 있지 않아 억측할 단계는 아니다.

비로소 신규 사업의 개요가 파악되면 마지막 단계로 들어간다. '신 프로젝트의 개요' 항목을 읽고, 사람들은 비로소 이 신규 사업 기획서가 무엇을 호소하고 싶은지를 알게 된다. 다만 이 같은 패턴으로는 결론에 이르기까지 너무 오래 걸린다. 취지를 파악하기까지 시간이 지나치게 많이 걸리는, 좋지 않은 기획서의 전형이라 할 수 있다.

타이틀은
크게 적자

　　　　　　타이틀의 표시 방법도 별로 좋지 않다. 타이틀의 글자 크기가 작은 기획서로는 상대방의 눈길을 끌 수 없다. 기획서의 타이틀은 가급적 크게 쓰도록 하자. 우선 타이틀로 읽는 이들의 눈길을 사로잡는 게 중요하기 때문이다.

　물론 〈10-1〉의 타이틀 '신규 사업 기획서'의 글자 크기를 키운다 해도 효과는 없다. '신규 사업'에 관한 기획서임은 틀림없지만, 타이틀 자체가 내용을 명확히 기초하지 않으면 임팩트가 약하다. 따라서 타이틀을 보는 것만으로도 '무엇을 기획했는지' 알 수 있는 타이틀을 붙여야 한다.

　신상품 '당질0미' 기획서.

　이 정도면 누가 보더라도 '당질0미라는 신상품에 관한 기획서'라는 사실을 금세 알 수 있다. 이때 읽는 사람이 '당질0미가 도대체 뭐지?' 하는 궁금증을 가질지 모른다. 바로 이 지점이 포인트다.

　상대방이 흥미를 가지면 일단 기획자로서 절반은 먹고 들어간 것이다. 기획서의 내용을 한번 읽어보고 싶은 단계로 이끌 수 있기 때문이다.

① 무엇에 대한 기획인지 알 수 있게 한다.
② 글자 크기는 키운다.

10-2 기획서2

2015년 4월 1일
신규 사업 프로젝트팀
리더 아마다 타로

신상품 '당질0미(糖質0米)' 기획서

신상품 '당질0미'는?

콩가루를 기초로 곤약을 섞어 만든 쌀. 당질0이자 저칼로리로, 쌀 대용의 다이어트 식품이다. 인터넷을 통한 직판을 지향한다.

왜 '당질0미'인가?

  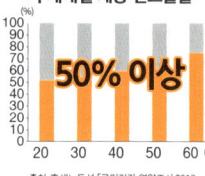

<일본인의 성인 비만율> **비만 35%**
출처: 후생노동성 「국민건강·영양조사 2013」

<각 세대별 체중 컨트롤률> **50% 이상**
출처: 후생노동성 「국민건강·영양조사 2013」

<다이어트 시장의 시장 규모 추이> **20조 원 이상**
출처: 건강총연 「다이어트 시장조사 2012」

비만 해결은 국민적 과제이자 커다란 비즈니스 찬스!

당사의 강점

① 콩가루 처리에 있어 높은 기술력
② 국내 콩 취급량 중 **18%**의 높은 점유율에 따른 가격 경쟁력
③ 창업 이후 75년간의 실적

'당질0미'의 개요

① 식생활 변화에 따른 시장 규모, 매출의 감소 경향
 (2006년 2300억 원 → 2013년 1800억 원)
② 유통의 복잡화에 따른 이익률 감소, 저하 경향
③ 최종 소비자와의 접점이 없어 니즈 파악이 어려움

'당질0미'의 개요

① 콩가루를 기초로 곤약을 섞어 당분 없는, **쌀과 유사한 알갱이 형태**의 건강식품을 개발한다.
② 판매는 **인터넷**을 중심으로 한 직판 형태를 띤다.
③ 가격은 1Kg당 5000원(소비세 별도)으로, 원가는 1Kg당 1000원 이하로 한다. 이로써 쌀에 대한 **경쟁력 있는 가격**을 지향한다.
④ 제조는 **자사 공장**에서 한다.

이 2가지 조건에 기초해 타이틀을 붙이면 된다.

큰 글자 타이틀은 눈에 띄게 하는 것 외에도 중요한 의미가 있다. 기획서를 읽는 상대방은 거의 대부분이 상사다. 이들은 40대 이상인 경우가 많다.

노안 증상으로 작은 글자를 보기 힘든 세대에게 〈10-1〉 기획서를 보여주면 "작은 글자라 읽기 힘들다"는 불평을 듣기 십상이다. 굳이 이야기하지 않더라도 '거 참, 보기 힘들구만……' 하는 생각을 갖게 해 보고하는 사람 입장에서는 마이너스다.

상대방의 마음을 사로잡기 위해, 노안을 겪는 상사가 불편해하지 않도록 하기 위해서라도 기획서의 타이틀은 콘셉트가 명확히 전해질 수 있게 큰 글자로 표시한다.

매수가 많은 기획서
= 좋은 기획서가 아니다!

'기획서 2'는 A4지 1장으로 구성되었지만, 만일 자료를 붙일 필요가 있다면 부록 방식을 추천한다. 이는 '마치 덤인 듯한 형태로' 내용을 추가시키는 방법이다. 예를 들어 일본인의 세대별 비만율을 알 수 있는 데이터를 추가로 넣고 싶다면 맨 뒤에 별첨 자료로 붙이자.

하지만 기획 취지에 대해서만큼은 A4지 1장으로 정리한다. 메인 기획서와 첨부자료를 마구 뒤섞어선 안 된다.

우리는 '무엇을 말하고 싶은지 모르겠지만 자료 분량만큼은 많은' 기획서를 자주 볼 수 있다. 필요 없을지 모르지만 일단 넣고 보자는, 이것저것 다 집어넣은 자료를 첨부한 뒤 기본 취지 자체가 불명확해진 기획서 말이다. 하지만 이는 읽는 사람을 전혀 배려하지 않은 것이나 다름없다.

이런 기획서가 범람하는 건 자료를 붙여 분량을 두껍게 만들면 뭔가 일을 한 듯한 느낌을 주기 때문이다. 이 기획서의 사례로 보자면 '미국의 다이어트 시장 규모 추이'까지 자료로 첨부할 기세다.

하지만 미국에서 판매할 계획이 없는 한, 미국 시장의 수치를 넣어봐야 의미가 없다. 기본 자료라며 안이하게 넣는 건 잘못이다. 가급적 쓸데없는 부분을 줄이면서 메시지를 효과적으로 어필하자. 전하고 싶은 내용을 A4지 1장으로 정리하는 노력을 기울이다 보면 어느새 필요한 요소로 주제를 좁히는 기술이 몸에 익어 다양한 비즈니스 상황에도 도움이 된다.

이 기획안을 통과시키기 위해 '무엇이 필요한지'를 신중히 생각하다 보면, 저절로 필요한 것과 필요 없는 것의 취사선택이 가능해진다. **필요 없는 것을 쌓아 자료의 두께로만 승부하려는 건 솔직히 말해 회사에게 죄를 짓는 것이나 다름없다. 자신이 이 그래프와 이 기획서로 무엇을 이야기하고 싶었는지에 대해서만 철저히 고려하도록 하자.**

기획서 앞쪽에
결론을 둔다

기획서 1과 2의 차이는 단지 타이틀만이 아니다. 전체 구성도 전혀 다르다.

기획서 1은 시장 분석부터 시작해 당사의 현 상황을 이야기하고, 마지막에 새로운 프로젝트의 개요를 소개하는 구성이다. 하지만 기획서 2는 처음에 신상품 당질0미의 콘셉트를 간결하게 정리한 뒤, 시장 분석이나 당사의 강점-과제 등을 말하고 마지막에 당질0미의 개요를 항목별로 정리했다.

어느 쪽이 읽는 사람의 마음을 사로잡을지는 더 말할 필요도 없다. 분석에서 시작해 마지막에 '이렇게 되었다'는 결론을 내는 구성으로는 바쁜 상대방의 관심을 끌기 어렵다. 처음에 가장 말하고 싶은 것, 즉 핵심 메시지를 내놓는다. 기획서는 이처럼 앞쪽에 결론을 둔다. 결론에 이르기까지의 근거는 이후 하나씩 더해도 좋다.

==결론을 앞에 쓰는 건 당신이 기획서에서 지향하는 점을 가장 먼저 상대방에게 전하기 위해서다. 읽기 시작한 단계에서 결론을 제시하고 승부를 결정짓는다.==

기획서에 첨부해 샘플을 준비하는 것도 좋다. 신상품의 성공을 뒷받침할 수 있는 조사 결과를 풍부하게 갖춰두는 것도 좋지만, 그런 것들은 모두 결론 이후에 둬도 상관없다.

다만 여기에서 결론을 길게 쓰는 것만큼은 주의하자. 도리어 임팩트를 약하게 만들 우려가 있기 때문이다. 문장량으로는 두세 줄 정도. 적은 분량에서 결론을 정리하는 트레이닝은 기획서를 정리할 때에도 큰 효과를 발휘한다.

두 기획서는 색깔을 사용하는 법도 대조적이다. 기획서 1은 흑백으로 작성되었지만, 기획서 2는 컬러로 작성되었다. 단지 문장만으로 구성된 기획서 1은 안 그래도 지루한 인상을 주는데 색깔 때문에 더더욱 무미건조한 인상이 강해져 읽기조차 싫어진다.

반면 기획서 2의 경우, 항목 부분은 회색으로 정리했으며 강조하고 싶은 수치나 키워드는 노란색으로 기록했다. 임팩트로 봤을 때 당연히 기획서 2 쪽에 더 우위를 주고 싶다. 다만 이보다 더 많은 색이 사용되면 오히려 눈의 피로도를 높이기 때문에 주의하자. 사용하는 색상 수는 한두 가지가 적당하다.

또 전체 톤을 맞추는 쪽이 보기에도 좋다. 기획서 2는 전체 톤이 정리되어 있기에 강조하고 싶은 부분에 들어간 색만 뚜렷이 부각되어 보기가 편하다.

시선의 자연스러운 움직임을 의식한다

기획서를 정리할 때는 시선의 움직임을 고려하면서 그림이나 표 등의 배치에도 신경을 써야 한다.

가로 쓰기를 한 자료를 읽을 때 사람의 시선은 왼쪽에서 오른쪽으로, 그리고 위에서 아래로 움직인다. 기획서도 마찬가지다. 시선의 자연스러운 움직임을 의식하며 이야기하고 싶은 내용을 위에서 아래로, 또 왼쪽에서 오른쪽으로 가져간다.

　기획서 2에서는 '왜 당질0미인가?'에 대해, 이 기획을 뒷받침하는 3가지 통계 수치를 그래프로 표현했다. 내용은 원그래프 하나와 막대그래프 둘. 이러한 도표들은 왼쪽에서 오른쪽으로 이동해감에 따라 중요성이 높아진다.

　가장 왼쪽에 있는 '일본인의 성인 비만율'도 중요한 수치지만, 가장 오른쪽에 배치한 '다이어트 시장의 시장 규모 추이'는 당질 0미의 필연성이나 성공 가능성을 이야기할 때 더 유력한 근거가 된다.

　이러한 정보를 거꾸로 배치하면 의미 전달이 어렵고, 임팩트도 약해지기 때문에 각별한 주의가 필요하다. '가로 일렬로 늘어서 있기에 어디에 둬도 상관없다'는 식의 발상은 금물이다. 전하고 싶은 내용을 순번에 따라 위에서 아래로, 왼쪽에서 오른쪽으로. 이 같은 순번을 항상 머릿속에 기억해두자.

숫자 표현법에 각별히 신경 쓴다

　기획서 2에 들어간 그래프에는 '한 가지 공통

점'이 있다.

가장 왼쪽의 '일본인의 성인 비만율' 원그래프에는 '35%'라는 숫자가, 가운데 '각 세대별 체중 컨트롤률'을 나타낸 막대그래프에는 '50% 이상'이라는 글자가, 또 오른쪽에 있는 '다이어트 시장의 시장 규모 추이'의 막대그래프에는 '20조 원 이상'이라는 글자가 기재되어 있다. 전하고 싶은 메시지는 구체적인 숫자로 명쾌하게 드러내 강조한다. 바로 이것이 읽는 사람의 마음을 사로잡는 기획서들의 공통점이다.

원그래프와 막대그래프에는 각각의 세부적인 숫자를 일절 집어넣지 않는다. 그것을 넣으면 그래프가 복잡해지고, 도대체 무엇을 말하는지 알기조차 어려워지기 때문이다. 막대그래프에는 최소한의 눈금을 넣지 않으면 아예 의미 자체가 불명확해지기 때문에 최소한만 넣는다. 하지만 그 외의 요소는 삭제하고, 전하고 싶은 내용만을 숫자로 강조한다.

소수점 이하의 숫자일 경우 대개 반올림하는 방식이 바람직하다. 실제로는 35.11%라 해도, 이를 그대로 넣으면 도리어 임팩트가 약해진다. 또한 '각 세대별 체중 컨트롤률'이 실제로는 51%라 해도, '50% 이상'이라고 표현하는 게 훨씬 더 메시지성이 높아진다.

'숫자에 힘이 있다'는 사실만으로도 표현법에 각별히 신경 써야 한다. 그 방법에 대해선 소프트뱅크의 결산 자료가 참고가 될 것이다. 예를 들어 2015년 3월 제1사분기의 결산 자료 20페이지를 보면 다음과 같은 내용이 나온다.

```
매출        80조 원
EBITDA     20조 원
영업이익     10조 원
```

8, 2, 1로 숫자를 가로 정렬한 것이 압권이다. 이러한 형식의 호소에는 힘이 있다. 이를

```
매출        82조 원
EBITDA     21조 원
영업이익      9조 원
```

등으로 정리하면 어떨까. 도리어 인상이 옅어질 것이다.

같은 결산 자료의 32페이지에는 '야후 쇼핑의 취급상품 수 증가'를 보여주는 그래프가 들어 있는데, 여기에는 그래프상 '1억 개 이상'이라고 적혀 있다. 중요한 건 상품 수가 1억 개를 넘었다는 사실이다. 세세한 숫자가 중요한 게 아니다. 무엇을 전하고 싶은지를

음미하면서 적절한 숫자 표현법을 생각하자. 다만 세부적인 숫자는 자르더라도 출처만큼은 반드시 명시한다.

예를 들어 '일본인의 성인 비만율' 원그래프는 쓸데없는 요소를 배제한, 매우 심플한 형태의 그래프다. 때문에 아예 출처까지 생략해버리면 오히려 신빙성 자체가 떨어질지 모른다. 따라서 필수적으로 그래프에 출처를 첨부하자. 가능하면 입수할 수 있는 범위 안에서 최신 데이터를 넣는 것이 좋다.

가로×세로 비율을 조정해
쓸모없는 요소를 배제한다

도표의 사용법에 관해서는 앞서 이기는 보고서 9 프레젠테이션 편에도 소개했지만, 기획서 역시 가로×세로 비율에 주의할 필요가 있다.

소프트뱅크에선 증가하는 현 상황을 전하고 싶을 때는 가로축을 짧게 만든다. 가로축이 길면 증가하는 것처럼 보이지 않기 때문이다. 기획서 2의 '다이어트 시장의 시장 규모 추이' 그래프도 가로축이 길면 매우 완만한 증가로밖에 보이지 않는다. 하지만 가로 세로 비율을 조금 조정한 것만으로도 막대그래프의 증가 각도가 가파르게 조정된다. 가로축과 세로축의 최대값은 마음대로 정할 수 있기 때문에, 최대값을 고정하면 비주얼상의 안정감을 구현하기 좋다.

따라서 필요한 만큼 충분한 가로×세로 비율을 추구하도록 하자.

또 세세한 부분이지만, 필요 없는 가로막대나 기준선은 확실히 삭제하자. 엑셀로 만든 그래프를 표준 사양대로 사용하면 어지러이 뒤섞인 채 쓸모없는 요소가 너무 많아진다. 이런 것들은 전하고 싶은 메시지의 장애물에 지나지 않기 때문에 그래프의 틀선이나 눈금선, 경우에 따라서는 세로축도 아예 삭제하는 편이 좋다. 또 그래프의 막대와 막대 사이가 너무 떨어지면 사이가 벌어진다는 인상을 주기 때문에 가능하면 간격을 좁히도록 하자.

익숙해지면 이러한 작업들은 모두 30초 만에 완료될 것이다. 작은 수고를 더해 심플하고 임팩트 있는 그래프를 완성하자.

퀄리티 높은
이미지를 붙인다

기획서 2의 가장 아래 항목을 보자. 오른쪽에 당질0미의 개요를 항목별로 적어 놓고 왼쪽에는 밥을 담은 그릇 이미지를 넣어뒀다. 이 이미지를 보고 한눈에 당질0미인지는 알기 어렵다. 단지 '하얀 쌀밥의 이미지'에 지나지 않는다.

단순한 이미지처럼 보이지만, 여기에는 일정한 역할이 있다.

앞서 프레젠테이션 때도 이야기했지만, 사람은 사안을 생각할 때 우뇌와 좌뇌 양쪽을 모두 사용한다. 뭔가를 읽기 시작할 때 처음 움직이는 건 이미지를 관장하고 감정을 컨트롤하는 우뇌다. 우뇌가 뭔가에 흥미를 느끼면, 이번에는 논리적인 사고를 관장하는 좌뇌를 사용해 사안을 해독하기 시작한다.

즉 기획서를 읽게 하기 위해선 일단 우뇌를 자극해 흥미를 끌 수 있게끔 하는 '갈고리(Hook, 일종의 미끼)'가 필요하다. 이미지를 전할 수 있는 그림을 넣는 건 바로 이 때문이다. 이미지가 없는, 무미건조한 문자나 도표만 늘어뜨린 기획서보다는 이미지로 전하는 기획서가 읽는 사람의 우뇌(감정)에 어필한다. 따라서 이미지는 반드시 하나 정도 넣을 수 있도록 하자.

다만 그렇다고 이미지 수가 너무 많으면 도리어 조잡해보이기 때문에 하나, 혹은 둘 정도로 좁히는 게 중요하다. 또 반드시 저작권이 자유로운 것을 사용하고 퀄리티 있는 이미지로만 한정한다. 이미지라 해서 아무거나 집어넣었다가는, 도리어 기획서 전체가 싸구려 느낌이 들지 모른다. 현재 무료나 저렴하게 구입할 수 있는 저작권 이미지 사이트가 여러 개 있다. 이를 활용해 기획서에 어울리는 퀄리티 높은 이미지를 찾아보자.

또 이미지를 기획서에 붙일 때는 형태 그대로를 붙이는 게 아니라, 배경을 지우고 가급적 깔끔한 형태로 넣도록 하자. 도표도 수고를 들여 심플함을 추구하듯, 이미지에 대해서도 마찬가지의 심플함을 추구한다. 이런 부분에 들어가는 수고를 아껴선 안 된다. ==차이는 사소한 디테일에서 나온다는 점을 반드시 잊지 말자.==

항목별 기록은
5개까지

기획서 2의 가장 아래에는 당질0미의 개요를 4개로 정리하고, 이를 항목별로 기재했다. 여기에선 이 4개라는 숫자가 포인트다.

==이기는 보고서 5의 프로젝트 관리 시트에서도 이야기했지만, 항목별 기록을 할 때는 많아야 5개 내외로 제한을 두는 게 좋다.== 대부분 딱 봤을 때 5개 정도까지 파악할 수 있기 때문이다. 나는 그것이 각 손가락이 5개씩 있기 때문이라고 생각한다. 손가락으로 셀 수 없는 건 아무래도 기억하기 힘들지 않을까.

예를 들어 책상에 동전을 흐트러뜨린다고 치자. 이때 눈에 딱 들어오는 게 보통은 5개 정도, 많아야 7개 정도일 것이다. 그 이상은 일일이 세기 어렵다. 숫자도 한 번에 기억할 수 있는 건 대개 7자리 정도. 8, 9자리만 되어도 기억하는 데 상당한 무리가 따른다.

이는 사람을 관리할 때도 마찬가지라 할 수 있다. 한 사람이 한 번에 관리할 수 있는 건 아무리 많아야 7명. 7명 이상일 경우 어딘가에서 문제가 발생할 가능성이 급속도로 높아진다. 이 일을 누구에게 발주할지, 그 직원의 일은 지금 어디까지 진행되었는지 관리하려 해도 7명 이상일 경우에는 끝내 포기하고 아예 두 손 두 발 다 들어버릴지도 모른다.

이야기에 다소 비약이 있을지 모르나, 항목별 기록이라면 5개 이내로 제한하기를 추천하는 게 핵심이다. 또 항목별 문장의 글자 수에도 각별한 주의를 기울여야 한다. 첫 줄의 글자는 대략 40자 이내로 줄인다. 가급적 한 줄로 만드는 게 이상적이지만, 그것이 어려울 경우 두 줄까지로 한다. 하나의 항목이 세 줄 이상이 되면 항목별 기록은 그 의미가 사라지고 만다.

전하고 싶은 단어나 문장은 강조하자

기획서 2에서는 상대방에게 전하고 싶은 단어나 문장을 굵은 글씨로 강조하고 있다. 이는 기획서가 여기저기 떠돌아다닐 경우, 누구나 읽기 쉽게 하기 위해서다. 발표자가 주연인 프레젠테이션과 달리, 기획서는 왕왕 혼자 돌아다니곤 한다. 따라서 작성자가 항상 기획서를 설명해줄 수 없다.

그런 상황을 상정하고 내용에 강약장단을 준다. 키워드가 되는 부분은 변화를 가하고 이를 더 키운다. 진짜 이야기하고 싶은 것을 말할 때 자기도 모르게 목소리가 커지듯, 글자도 이야기하고 싶은 부분을 특별히 강조하자.

또 이 기획서는 프레젠테이션의 슬라이드로 쓰기 어렵다. 일단 정보가 너무 많고, 문장으로 가득 차 있기 때문이다. 앞서 설명했지만, 프레젠테이션에서 쓰는 슬라이드는 딱 봤을 때 바로 내용을 파악할 수 있어야 한다. 이 기획서 2의 내용을 최소 3개 정도로 나눠 재구성한다면 쓸 수 있을지 모르겠지만, 그렇다 해도 각별한 노력이 필요하다. 기획서를 프레젠테이션에 활용하거나, 프레젠테이션 자료를 기획서화하려는 생각은 굉장히 안이한 생각이기에 가급적 버리는 것이 좋다.

평가가 빠진 자료는
더 이상 자료가 아니다!

기획서를 상대방에게 설명할 때의 주의점에 대해서도 이야기해두고 싶다.

아무리 잘 완성된 기획서라도 단지 읽는 것만으로는 의미가 없다. 반드시 자신의 평가를 말해야 한다. 이것이 빠진 기획서로는 상대방의 마음을 움직이기 어렵다.

기획서 2를 예로 보자. 이 자료를 통해 '우리는 각 세대의 50% 이상이 체중 조절을 하고 있다는 사실로부터, 향후 다이어트 시장이 매우 유망할 거라고 생각했다'고 설명한다면 어떨까? 아마 설명을 들은 대부분이 그 취지를 충분히 이해할 수 있을 것이다. 하지만 이를 '20대가 ○○%, 30대가 ○○%, 40대가 ○○%, 50대가 ○○%, 60대가 ○○%이기에, 거의 모든 세대에서 체중 조절을 하고 있는 사람의 비율이 50%를 넘는다'고 말한다면 기획서의 설명으로는 거의 실격이나 다름없다. 그건 단지 시장 규모를 설명하는 데 지나지 않는다.

회의 참석 때마다 자주 느끼지만, 자신의 판단이나 의견을 말하지 않는 사람이 적지 않다. 아니, 꽤 많다. 그런 사람은 중요한 영업 실적을 보고하는 자리에서도 담담히 '이번 달은 ○○%였다'고 말하는 식으로 끝을 맺곤 한다.

하지만 그 숫자에는 반드시 어떤 이유가 있을 것이다. 갑자기 숫자만 변동했을 리가 없다. 이것이 회사에게 어떤 의미인지를 명확히 하지 않으면, 구체적인 다음 액션으로 이어지지 않는다.

회의에서도, 기획서에서도 다음 액션으로 이어질 요소가 없는 자료는 일종의 악이나 다름없다. ==그래프가 있다면 거기에 '나는 이렇게 생각한다'가 반드시 따라붙어야 한다. 거기에 그래프의 존재 이유가 있으므로 반드시 '평가'가 필수다. 평가가 없는 자료는 더 이상 자료라고 할 수조차 없다.==

자신의 판단이나 의견을 밝히지 않으려는 사람이 많다는 건 '뭔가를 이야기하면 책임을 져야 할 것 같다'고 여기기 때문이다. 이는 일종의 책임 회피나 다름없다. 회사에 대해 공헌하지 않으면서 단지 하는 척만 한다고도 말할 수 있다. 일체 자신의 평가를 이야기하지 않고, 상사도 그것을 들추거나 신경 쓰지 않는다. 그런 과정이 반복되다 보면 조직의 생산성은 점점 더 떨어질 것이다.

취재 시에는 A4지 1장에
키워드를 정리해 대응한다

지금까지 기획서에 대해 여러 가지를 이야기해왔지만, 마지막으로 취재에 관한 이야기를 여기에 덧붙인다. 만일 취재를 받을 기회가 있다면 메모 정도도 좋으니 기획서처럼 A4지 1장으로 사전에 요점을 정리해두는 편이 좋다.

그동안 나는 셀 수 없을 만큼 많은 취재를 받아왔지만, 메모 없이 대응한 적은 단 한 번도 없었다. 질문에 답하고 누군가에게 설명하고 싶은 게 있다면 반드시 키워드를 적어, 내 머릿속을 정리한다. 누구나 머릿속에 흐름이 명확히 정리되어 있으면 듣는 이도 알기 쉽게 이야기할 수 있다.

단지 머릿속으로만 '이것을 말해야지' 혹은 '저렇게 말해야지' 하고 생각해봤자, 생각한 대로 이야기가 나오지 않는 법이다. 가급적 논리정연하게 이야기를 하고 싶다면 키워드나 메시지를 기록해둔 종이를 반드시 준비하자.

물론 말하고 싶은 내용 전부를 각본처럼 쓸 필요는 없다. 이야기의 큰 줄기가 되는 부분 정도만 적어도 좋다. 메모할 종이가 있고 없고의 차이만으로도 이야기 내용에는 큰 차이가 발생한다. 또 기획서 2가 결론부터 시작했듯, 취재를 받거나 누군가에게 설명해야 할 때도 우선 결론부터 이야기하자.

예를 들어 자사가 업무 제휴하는 상대를 3개사 중 1개사로 좁히는 일에 대해 취재, 혹은 설명을 요구받는다고 치자. 이때 '이것이 이런저런 사정으로 3개사로 좁혀졌고, 그중 가장 품질이 좋은 건 A사이지만 예산이 부족했기 때문에 결국은 C사로 한다'는 설명은 다소 미적지근해 보일 뿐이다.

그보다는 'C사로 정하고자 한다. 왜냐하면……'이라는 순서로, 서두에 결론을 내고 그 뒤에 이유나 배경을 설명하도록 하자. 구구절절한 이야기는 듣는 사람을 지루하게 할 뿐이다. 이는 시간 낭비도 초래한다.

게다가 애매한 내용을 이야기하는 것도 피하는 게 좋다. '~하려 하는데……'처럼 어미를 흐리는 듯한 말투는 상대에게 도리어 쓸데없는 의문을 갖게 한다. 손정의 사장 앞에서 만일 그런 말투로 이야기하다가는 순식간에 불호령이 떨어질 것이다. 또한 직장인이라면 누구나 비슷한 경험이 있지 않을까.

소프트뱅크에서는 거의 모든 임직원이 한 번씩은 손정의 사장의 불호령을 들은 적이 있다. 부끄러운 이야기지만, 나도 처음에는 몇 번이나 보고할 때 불호령을 듣곤 했다. 아마도 소프트뱅크 사람이라면 누구나 쓰린 기억 하나쯤은 갖고 있을 것이다.

하지만 관점을 바꿔보면, 그렇기 때문에 '결론부터 이야기하고 메시지를 명쾌하게 전달하는 기술'을 연마할 수 있었다. 나도 지금은 손정의 사장이 마지막까지 내 이야기를 듣게 할 자신이 있다. 그것만이 아니다. 스피치나 취재 대응 능력도 상당히 늘었다고 느

낀다. 평소에 꾸준히 이런 훈련을 받으면서 지속적으로 노력하면 기획서는 물론 프레젠테이션, 취재 등 비즈니스의 거의 모든 순간에 도움이 된다.

특별부록

보고서 작성의
노하우와 함정

자료 준비와 구성부터
각종 그래프 작성법까지

지금까지는 보고서를 작성할 때 주의해야 할 포인트나 경영상의 이점에 대해 다뤄왔다. 이 부록에서는 '보고서 작성의 달인이 될 수 있는 몇 가지 비법'을 간단하게 정리해 소개해보려 한다.

우리가 업무상 작성해야 할 자료는 앞서 각 케이스별로 소개한 것 외에도 많다. 목적에 따라, 또 상황에 따라 우리는 다양한 보고서를 만들어야 한다. 하지만 여기 나온 비법들을 항시 의식하다 보면 큰 어려움 없이 만들 수 있을 것이다. 누군가에게는 별 것 아닌 노하우일 수 있겠지만, 그 과정의 반복을 통해 당신은 문제점을 파악하고 다음 단계로 나아가는 보고서 작성의 달인으로 거듭날 수 있다. 노하우를 배워 그 비법을 익힌다면 충분히 회사에 공헌할 수 있는 보고서 작성이 가능할 것이다.

자료 준비 편

① 자신이 만드는 게 프레젠테이션용 자료인지,

기획서인지를 항시 의식하자

앞서도 이야기했지만, 불특정 다수를 대상으로 하는 프레젠테이션과 특정 상대를 대상으로 작성하는 기획서는 기본적으로 그 역할이 다르다. 프레젠테이션은 '발표자'가 주역이며, 프레젠테이션 자료는 어디까지나 그 보조적인 역할에 그친다.

한편 기획서의 주연은 '기획서 그 자체'다. 당신의 손을 떠나 여기저기 떠도는 경우가 많기 때문에, 항시 그 부분을 감안해 알기 쉬운 기획서를 만들어야 한다. 테마가 같다 해도 하나로 작성해서 양쪽에 활용하는 것은 금물! 반드시 프레젠테이션용과 기획서용을 나눠서 작성해야 한다.

② 프레젠테이션에서는 자료를 사전 배포하는지 파악해두자

프레젠테이션은 자료를 사전 배포하지 않는 편이 주목도가 높다. 아무래도 청중들의 시선이 자료로 가기 때문이다. 만일 사전에 배포해야 할 때는 핵심 메시지를 넣어도 상관없다. 하지만 이 경우 설명이 너무 많아서는 안 된다. 배포 자료에 정보량이 많으면 당신에 대한 주목도가 떨어진다. 사전에 자료를 배포한 경우, 그 내용은 가능하다면 프레젠테이션의 전체 모습을 파악할 수 없는 '의외성 있는 내용'이 바람직하다.

③ 발표 순번과 타깃을 확인하자

나는 과거에 개인적인 실패 경험을 겪은 뒤, 발표 순번에 대해 의식하기 시작했다. 손정의 사장과 함께 자리했던 어떤 중요한 프레젠테이션장에서 일어난 일이다. 당초 전략 설명에만 중점을 두는 '임원 대상의 프레젠테이션'으로 계획되어 있었는데 이게 웬걸? 막상 발표장에 도착하자 실무자 대상의 프레젠테이션과 순번이 바뀌어 있었다.

실무자용 프레젠테이션에는 세세한 숫자 등 복잡한 요소가 많다. 하지만 그런 세세한 이야기는 임원 이상의 사람들에게는 지루할 게 뻔했다. 아니나 다를까. 앞 순번의 발표 도중 임원들은 하나둘 스마트폰을 만지작거리기 시작했다. 그 광경을 보면서도 제대로 대처할 수 없었던 건 지금 생각해도 아쉬움과 후회가 남는 뼈아픈 경험이었다.

만일 사전에 스케줄을 확인할 수 있었다면 임원용 프레젠테이션을 수정했을 것이다. 도입부에서 지루해하는 임원들의 마음을 사로잡고, 그 후 구체적인 이야기로 들어가는 구조 말이다.

발표 직전이라도 그 순번을 아는 것과 모르는 것은 천양지차다. 어떤 사람을 대상으로 또 어떤 순번에 따라 프레젠테이션을 하는지, 임원들이 먼저인지 실무자들이 먼저인지, 상대는 학생인지 중간관리직인지 등등 순번과 타깃을 반드시 확인해두도록 하자. 상대가 학생이나 신입사원일 경우 초보자가 이해하기 쉽도록 부가적인 정보를 더해야 한다는 점을 생각하면 좋다.

④ 조작 환경을 생각한다

노트북을 어디에서 조작할지, 조작하는 이가 별도로 있는지, 아니면 내가 직접 하는지 등등 중요한 프레젠테이션 때에는 조작 환경을 미리 체크하는 것도 결코 게을리해선 안 된다. 사전에 확인해 두면 발표 전에 초조하거나 당황할 필요가 전혀 없다.

⑤ 보고서는 혼자서 생각하지 않는다

보고서 구성을 혼자서 생각하다 보면 독선적인 방향으로 흐르기 십상이다. 자신의 생각이나 정보만으로는 내용이 빈약해질 우려도 있다. 이를 피하기 위해선 누군가의 아이디어를 빌려야 한다. 아무래도 혼자보다 둘의 지혜가 조합되는 게 더 좋다.

만일 신입사원을 대상으로 하는 경우에는 테마에 관해 깊이 모르는 사람의 지혜를 빌리거나, 상대방에게 의문점을 던지도록 하는 게 좋다. 간혹 '이 정도는 당연히 알겠지' 하고 미뤄 짐작하곤 하는데, 의외로 상대방이 이해하지 못할 가능성이 높다.

⑥ 신뢰할 수 있는 소스를 찾는다

보고서에 나오는 숫자가 모두 '자사 조사'라면 신뢰도는 결여된다. 가능한 다른 신뢰할 수 있는 소스를 찾고 그 최신판을 입수하도록 한다. 또 사용 승낙을 받을 필요가 있는 건 반드시 사전에 허락을 얻는다. 이는 사회인으로서 지켜야 할 기본적인 룰이다.

⑦ 그림이나 사진은 일정한 품질을 갖춘 것을 사용한다

그림이나 사진의 퀄리티가 낮으면 자료의 수준까지 도매금으로 인식될지 모른다. 또 화질을 고려해 적절한 화면 사이즈를 맞췄으면 한다. 특히 프레젠테이션 때 작은 사이즈의 이미지를 대화면에 넣는 것만큼은 반드시 피하도록 하자.

이미지 자료를 사용할 때는 라이센스 부분을 확실히 처리해야 한다. 최근 아이스톡포토(iStockPhoto.com) 등 저렴한 가격에 높은 품질의 저작권 프리 이미지를 구할 수 있는 서비스가 늘고 있다. 아무리 사내용 자료라도 가능하면 정식으로 구입할 것을 추천한다.

저작권에 무감각한 건 '준법' 관점에서 봐도 결코 바람직하지 않다. 자료가 어떤 계기를 통해 외부로 나돌지 않으리란 보장이 없다. 만일 사내용 자료 제작에 비용을 들일 수 없다면 저작권 프리의 무료 사이트를 찾아보도록 하자.

⑧ 조사 결과나 사진, 일러스트의 권리를 처리한다

조사 결과나 데이터, 사진, 일러스트 등을 작성할 때 저작권 처리도 반드시 잊지 않도록 한다. 앞서 이야기했지만, 보고서가 어디로 흘러나갈지 아무도 알 수 없다. 따라서 저작권에 대한 의식을 충분히 갖고서 보고서 작성에 임한다.

보고서 구성 편

① 전체의 핵심 메시지를 첫 장에 담자

바쁜 경영진을 상대로 한 보고서는 첫 장에서 관심을 사로잡아야 한다. 만일 그렇지 못하면 그 보고는 그대로 끝난 거나 다름없다. 손정의 사장의 경우 '단 10초 만에' 승부가 결정 나곤 한다.

처음에 강력하게 어필하지 못하면 서서히 시선이 스마트폰으로 갈 수밖에 없다. 따라서 보고할 때 가장 호소하고 싶은 내용 등의 '셀링 포인트(Selling Point)'를 반드시 앞에 배치한다. 지나치게 여유를 두며 핵심 내용을 뒤로 빼선 안 된다.

'왜 우리와 거래를 해야 하는지, 왜 우리가 이 부분을 결정해야 하는지' 그 이유를 알 수 있도록 내용을 구성하자. 처음부터 타사와의 성능 비교 등이 나와도 상관없다.

② 메시지는 20자 이내로 만든다

모처럼 핵심 메시지를 냈는데 주저리주저리 길어지면 의미가 없다. 한 줄씩 읽고 금세 파악할 수 있는 양을 최대치로 설정한다.

기본적으로 소프트뱅크의 자료는 매우 짧다. 슬라이드 1장에 적혀 있는 건 '대폭 증가' '세계 첫 ○○' 같은 심플한 표현뿐이다. 누가 봐도 알기 쉽게. 읽는 데 시간이 걸리는 메시지는 좋지 않다.

③ 원 메시지, 원 이미지, 원 차트

이야기하고 싶은 메시지를 더 알기 쉽게 전할 수 있도록 이미지나 차트를 적극 활용한다. 소프트뱅크의 경우 복잡한 도표나 이미지는 절대 넣지 않는다. 그 어떤 매트릭스도 없다.

그렇다고 주구장창 일러스트만 나오는 것도 좋지 않다. 일러스트가 너무 많으면 이야기하고 싶은 메시지가 제대로 전달되지 않는다. 일러스트의 수는 '슬라이드 1장에 하나 정도'가 적당하다. 다만 파워포인트 속에 표준으로 들어 있는 클립아트를 사용하는 건 되도록 피했으면 한다. '여기저기 계속 갖다 붙이는 느낌'만 강해진다. 따라서 일러스트도 일정한 고유성(Originality)를 갖도록 하는 게 좋다.

④ 메시지는 해석이다

메시지는 단지 숫자여선 안 된다. 회사에 의미하는 점을 넣을 것. 소프트뱅크를 예로 들자면 '대폭 개선' '스마트폰 1억 대 시대로' '적정 수준'처럼 그 숫자가 회사에 무엇을 의미하는지를 명확히 전한다. 무엇보다 보는 이에게 의미를 전달하는 게 중요하다. 사실을 쓰는 것만으로는 메시지성이 있다고 할 수 없다.

⑤ 결론부터 구성한다

가장 이야기하고 싶은 내용을 먼저 전한다. 우선 결론이 나오도록 하는 게 대원칙이다. 이는 업무 보고 때도 마찬가지다. 결론부터 말하고나서 이유, 배경 등을 정확히 설명하는 게 좋다.

⑥ 숫자를 넣는다

숫자 없이 그저 해석만 있는 건 거짓, 혹은 주관적인 자기주장이나 다름없다. 예를 들어 '대폭 개선'이라고 전해도 그것을 뒷받침하는 숫자가 없으면 신빙성이 결여된다. 소프트뱅크의 경우 숫자가 없는 보고서는 통과되지 않는다. 그런 면에서 숫자는 반드시 필요하다.

⑦ 복잡하게 만들지 않는다

그래프 하나에 여러 개의 요소를 너무 많이 담으면 읽기 어려워진다. 자신은 '일을 많이, 또 열심히 하고 있다'는 기분이 들지 모르나, 읽는 사람에게는 상당한 장애가 초래될 우려가 있다.

슬라이드 작성 편

① 엑셀로 만드는 부분과 파워포인트로 만드는 부분을 나눈다

엑셀로 전체 숫자를 보여줄 수 있지만, 기본적으로 그래프는 그래프로서 작성한다. 엑셀만으로 모든 보고서를 작성하는 건 결코 좋지 않다.

② 엑셀을 파워포인트에 잘 붙인다

엑셀은 파워포인트에 붙이는 형태가 바람직하다. 복사해 붙이면 표 형식이 되므로, 이미지 데이터로서 '붙이기'를 선택하고 그림으로 붙이자. 그렇게 하면 이후 숫자를 더할 수도 있다. 가공만 잘하면 상당히 좋은 방법이다.

엑셀 사용에 익숙한 사람일수록 엑셀에서 보고서 작성을 끝내려는 경우가 있는데, 그건 일종의 자기만족에 지나지 않는다. 파워포인트에 붙이는 게 이후 처리가 쉽고, 보는 이들도 알기 쉽다.

엑셀을 이용한 그래프 작성 편

① 테크닉에 의존하지 마라

앞의 항목에서도 이야기했지만, 엑셀로 작성할 때 지나치게 테크닉에 의존하지 않도록 한다. 이 경우 읽는 사람을 무시한 독선적인 자료로 흐르기 십상이다. 심플하고 전하기 쉬운 메시지를 우선시해 이야기하고 싶은 내용에 맞춰 정보를 선택한다.

② 범례는 가급적 사용하지 않는다

언뜻 범례는 편리한 것처럼 보이지만, 실상 읽는 사람의 수고를 요하는 장애물이나 다름없다. '이 막대그래프가 무엇을 나타내는지' 등을 찾아봐야 한다는 것 자체가 이상하다. 보고 금세 알 수 있는 그래프를 추구해야 한다. 눈으로 구석구석 살펴야만 알 수 있는 그래프는 절대 만들어선 안 된다.

'심플 이즈 베스트(Simple is Best).' 소프트뱅크의 경우 기본 축조차 없다. '보기 쉬움'을 최대한 추구하기 때문이다.

③ 3D 효과는 사용하지 않는다

3D 효과를 나타내는 그래프는 괜히 멋있어 보이지만, 실제로는 알기 어렵다. 의미 없는 수고는 가급적 줄이도록 하자.

④ 클립아트는 쓰지 않는 게 보기 쉽다

클립아트를 사용하면 너저분한 인상을 주기 쉽다. 게다가 '어딘가에서 본 적 있는 듯한' 기시감을 주기도 한다. 파워포인트에 관련 기능이 있다고 해서 안이하게 쓰는 건 금물이다.

⑤ 타이틀과 출처는 반드시 붙인다

무슨 그래프인지 알 수 있도록 타이틀을 반드시 붙인다. 이는 '일종의 예의 문제'이기도 하다. 그리고 데이터의 출처 역시 명확히 밝혀둔다. 출처가 불명확한 그래프는 절대 신뢰할 수 없다.

⑥ 화살표, 말풍선 등 메시지에 맞는 추가 요소를 더한다

앞서 '심플한 그래프가 가장 좋다'고 썼지만, 상황에 따라 화살표나 말풍선을 효과적으로 사용하는 게 좋다. 예컨대 '이는 계절 변화를 따랐기 때문' 등의 이유를 직접 말풍선 안에 넣는 식이다.

읽는 사람이 '여기는 왜 이렇지?' 하는 의문을 가질 수 있는 항목마다 말풍선을 넣으면 좋다. 다만 너무 많으면 이 역시 조잡해 보일 수 있으니 주의하자.

⑦ 복합 그래프는 필요할 때만 사용한다

매출 추이와 시장점유율의 관계 등에 명확한 상관관계를 볼 수 있는 경우라면 복합 그래프를 그리는 게 좋다. 하지만 그런 관계를 볼 수 없다면 굳이 복합은 피하는 게 좋다.

막대그래프 편

① 막대그래프와 꺾은선그래프를 나눠 사용하자

그래프는 각각 상황별로 어울리는 것과 어울리지 않는 것이 있다. 세로 막대그래프는 트렌드나 숫자 자체를 강조하고 싶은 경우, 또는 하나의 데이터 계열을 보여주고 싶을 때 잘 어울린다. 항목이 많아 그래프 기둥이 많아질 때는 가로 막대그래프로 작성하는 게 보기 쉽다.

꺾은선그래프는 타사와 비교할 때 등에도 사용한다. 이를 막대그래프로 하면 한 번에 파악하기 어렵다. 그래프를 겹쳐 시계열상의 변화를 보여주는 여러 데이터에는 역시 꺾은선그래프가 안성맞춤이다.

② 성장세를 보여줄 때에는 눈금선을 없애라

소프트뱅크의 대표적인 그래프 형태라 할 수 있는 것이 '성장세를 보여줄 때 눈금선을 없애고 깔끔한 그래프로만 작성하는 것'이다. 그렇게 하면 성장성이 보다 두드러지게 드러나기 때문이다. 단체의 매출 증가 등을 보여줄 때도 이 테크닉은 유효하다.

③ 2개 축의 그래프는 사용하지 말라

파레토 차트의 경우 2개 축이 필요한 것을 제외하고, 그 이외의 그래프에서 2개 축을 사용하면 이해하기 어렵다. 가능하면 축은 하나로 설정해두는 게 좋다.

④ 각 기둥 사이는 선 정도가 좋다

그래프에서 각 기둥 사이에 간격이 벌어져 있으면 뭔가 떠 보이는 인상을 지울 수 없다. '기둥은 두껍고 간격은 좁게', 이것이 임팩트가 있다.

⑤ 세로축은 매출이나 비용을 보여주고, 가로축은 시계열을 보여준다

이는 그래프를 작성할 때의 기본 지식이다. 세로축에는 숫자의 증감을 보여주는 요소를, 가로축에는 시계열을 두는 것이 바람직하다.

⑥ 가로×세로 비율에 주의하자

성장성을 보여주고 싶을 때는 가로가 긴 그래프보다 세로가 긴, 혹은 정사각형에 가까운 그래프가 좋다. 자신이 나타내고 싶은 메시지를 강조하는 가로×세로 비율을 추구하도록 한다.

⑦ 화살표를 효과적으로 사용하자

이는 엑셀에서도 마찬가지이지만, 성장하고 있는 현상을 보여줄 때는 화살표가 효과적이다.

⑧ 눈금선이나 데이터라벨 등 쓸모없는 요소는 모두 없애자

눈금선, 데이터라벨 등이 엑셀의 표준 서식에 들어 있다 해서 그대로 안이하게 쓰는 건 피하도록 하자. 일단 재검토해서 필요한 것, 그렇지 않은 것을 골라내고 불필요한 요소는 아예 삭제하자.

⑨ 변화를 보여주기 위해서는 하단을 잘라내는 것도 고려하자

그래프 하단이 너무 길면, 변화상을 제대로 보여주기 어렵다. 목적을 위해서는 하단을 잘라내고 알기 쉬움을 추구한다.

⑩ 그래프 타이틀은 파워포인트로 최종 가공하자

타이틀은 가게로 말하자면 간판과 같다. 따라서 중요한 역할을 하기 때문에 파워포인트를 이용해 가공토록 하자. 내용을 전달하기 쉽고 임팩트 있는 타이틀로 가공하면 된다.

⑪ 누적 막대그래프는 내역을 붙이면 시계열상의 추이를 보여주는 데 편리하다

이기는 보고서 2에서 상세하게 이야기했지만, 누적 막대그래프는 내역에서 구성비를 보여주면서 시계열로 세우면 문제점을 파악하기 쉽다. 다만 내역은 많아야 5개 요소로 한정한다. 그 이상 늘어나면 무엇이 어느 정도 되는지 알기 어려워진다.

⑫ 비율을 보여줄 때는 100%의 누적 막대그래프로

항목별 구성비를 보여주고 싶을 때에는 100% 누적 막대그래프로 가공하는 게 좋다. 이때도 내역은 최대 5개 요소 내로 설정한다.

꺾은선그래프 편

① 꺾은선그래프가 전하는 메시지는 절대치보다 변화상!

꺾은선그래프에는 나름의 특성이 있다. 가장 어울리는 건 '변화상을 전하는 것'이다. 절대치를 보여주는 거라면 막대그래프가 좋

다. 타사와 비교해, 당사가 No.1이라는 사실을 강조하고 싶다면 꺾은선그래프로 가공한다. 경쟁 상태의 시계열상 변화를 보여줄 때도 적합하다.

② 요소는 5개까지

꺾은선그래프의 요소는 아무리 많아야 5개까지다. 그 이상은 읽기 힘들다. 6개 이상을 그래프로 삼고 싶을 때에는 다른 그래프를 활용하자.

③ 눈금선은 없애고 깔끔하게

꺾은선그래프에 눈금선이 꽉 찬 느낌으로 들어있으면 어딘지 갑갑해 보여 보기 싫어진다. 변화상이나 경향을 보여주는 게 꺾은선그래프의 목적이기 때문에 역시 눈금선은 특별히 필요하지 않다.

④ 범례는 사용하지 않는다

범례는 가급적 사용하지 않고 그래프 옆쪽에 직접 쓰는 게 좋다. 물론 범례를 안 봐도 내용을 알 수 있는 그래프가 가장 이상적이다.

⑤ 경향을 보여줄 목적이라면 마커는 불필요하다

마커는 데이터 서식에서 쉽게 찾을 수 있다. 목적에 따라 필요한 것, 필요하지 않은 것을 취사선택할 필요가 있다.

⑥ 최종적인 숫자를 강조한다

최종적인 숫자를 강조하면 그래프의 목적을 전달하기 쉽다. 자신은 '이 그래프로 무엇을 나타내고 싶은지'를 항상 의식해야 한다.

⑦ 선의 강약장단을 두자

자사의 수치를 나타내는 꺾은선은 두껍게, 타사는 얇게 하는 등 선의 강약장단을 둔다. 모두 같은 두께로 나타내선 무엇을 이야기하고 싶은지 알기 어렵다.

⑧ 색깔을 나눠 사용하자

'같은 계통의 색깔로 그래프를 정리하자'고 제안하는 경우도 많다. 하지만 꺾은선그래프는 명확히 다른 색으로 구분하지 않으면 '어떤 선이, 어떤 요소를 갖는지' 알기 어렵다. 차이를 아는 게 가장 중요하기 때문이다.

누적 막대그래프의 경우도 계통이 다른 색깔을 차용토록 하자. 멋진 그래프를 만드는 것도 중요하지만, 더 중요한 건 목적에 맞는 그래프를 완성하는 것이다. 꺾은선그래프의 경우, 특히 계통이 다른 색깔을 사용해 알기 쉬움을 추구할 수 있다.

⑨ 가로×세로 비율에 주의하고, 메시지는 가로로!

막대그래프와 마찬가지로, 성장하고 있다는 사실을 전하고 싶다면 가로가 긴 그래프는 금물이다. 메시지를 그래프 아래에 넣으면 길이가 모자라기에 가로에 넣고, 밸런스가 좋은 가로×세로 비율을 고려하자.

⑩ 경우에 따라 아랫부분을 잘라내자

이것도 막대그래프와 마찬가지 비법이다. 성장세를 보여주기 위해선 하단을 잘라내는 것도 고려해야 한다.

원그래프 편

① 원그래프는 현 상황을 파악하는 데 도움이 된다

원그래프가 전하는 메시지는 '원 전체 면적에 의한 사이즈 감각과 그 안의 내역 표시'다. 현 상황을 전하는 데에는 도움이 되지만, 장래를 보여줄 수 있는 요소는 없다. 따라서 트렌드를 나타낼 때는 어울리지 않는 그래프다.

소프트뱅크에서는 원그래프를 거의 사용하지 않는다. 정말로 어떤 사안을 비교하려면 막대그래프 쪽이 더 심플하고 알기 쉽다.

② 시계 방향으로 많은 순대로 배치한다

원그래프의 내역은 구성비가 큰 요소 순대로 시계 방향으로 배치하는 게 일반적이다. 하지만 꼭 그럴 필요는 없다. 해외에서는 구성비가 큰 요소가 시계 12시부터 3시 사이의 위치에 배치되고, 두 번째로 많은 요소가 11시 방향에 배치되는 경우도 자주 볼 수 있다.

③ 튀지 않는 색으로 마무리한다

각도와 면적으로 내용을 이해할 수 있기 때문에 색깔은 꺾은선그래프처럼 명확한 색을 사용할 필요는 없다. 오히려 튀지 않는 색으로 정리하는 게 훨씬 더 보기 좋다.

④ 내역 표시로 2개의 원그래프를 나열하지 말자

내역을 보여주는 원그래프 2개를 늘어놓으면, 딱 봤을 때 알기 어렵다. 이는 면적 비율의 이미지가 혼란을 일으키기 때문이다. 만일 내역을 비교시켜야 한다면 막대그래프를 사용하도록 하자.

⑤ 요소는 5개 정도까지

막대그래프나 꺾은선그래프 모두 요소는 많아야 5개까지로 한정 짓는다. 그 이상이 되면 얇게 자른 조각케이크처럼 되어버려 알기 어렵다. 작은 건 '그 외'로 정리하고, '그 외'의 내역을 알 수 있는 별도의 원그래프를 만드는 게 좋다.

⑥ 원그래프를 몇 개 늘어놓을 때는 반경이 아니라,

면적으로 사이즈를 결정한다

원그래프를 작성하는 데 수고가 드는 건 이 때문이다. 원 면적에서 사이즈가 결정되기 때문에 반경(πr)의 제곱을 역산해 원의 반경을 구할 필요가 있다. 적당하게 사이즈를 결정해선 안 된다.

표 구성 편

① 가능한 한 사용하지 않는다

사용하지 않고 끝낼 수 있다면 표는 가급적 사용하지 않는 게 좋다. 될 수 있으면 그래프로 가공하는 게 좋다. 소프트뱅크의 2015년 3월기 제1분기 결산자료는 장장 68페이지에 이르지만, 이 중 표는 불과 2개뿐이다. 표로 구성하면 '내용을 제대로 읽지 않을 경우 내용 파악이 어려워진다'는 게 최대 결점이다.

② 5단마다 밑 테두리선을 넣는다

밑 테두리선투성이인 표는 읽기 어렵다. 명암을 서로 교차시키면서, 5단마다 테두리선을 넣는 형태가 훨씬 보기 쉽다.

③ 제목은 중앙에 둔다

세부적인 내용이지만 제목은 중앙에 둔다. 왼쪽 끝에 기울어진 경우와 비교하면 이게 훨씬 더 보기 편하다.

10초 만에
이기는 보고서

초판 1쇄 발행 2016년 6월 7일
초판 6쇄 발행 2022년 6월 13일

지은이 미키 다케노부
옮긴이 이수형
펴낸이 김선식

경영총괄 김은영
콘텐츠사업1팀장 임보윤 **콘텐츠사업1팀** 윤유정, 한다혜, 성기병, 문주연
편집관리팀 조세현, 백설희 **저작권팀** 한승빈, 김재원, 이슬
마케팅본부장 권장규 **마케팅2팀** 이고은, 김지우
미디어홍보본부장 정명찬
홍보팀 안지혜, 김은지, 박재연, 이소영, 이예주, 오수미
뉴미디어팀 허지호, 박지수, 임유나, 송희진, 홍수경
경영관리본부 하미선, 이우철, 박상민, 윤이경, 김재경, 최완규,
이지우, 김혜진, 오지영, 김소영, 안혜선, 김진경, 황호준, 양지환
물류관리팀 김형기, 김선진, 한유현, 민주홍, 전태환, 전태연, 양문현

펴낸곳 다산북스 **출판등록** 2005년 12월 23일 제313-2005-00277호
주소 경기도 파주시 회동길 490
전화 02-702-1724 **팩스** 02-703-2219 **이메일** dasanbooks@dasanbooks.com
홈페이지 www.dasan.group **블로그** blog.naver.com/dasan_books
종이 (주)한솔피앤에스 **출력·인쇄** (주)북토리

ISBN 979-11-306-0839-6 (13320)

· 책값은 표지 뒤쪽에 있습니다.
· 파본은 본사나 구입하신 서점에서 교환해드립니다.
· 이 책은 저작권법에 의하여 보호를 받는 저작물이므로 무단 전재와 복제를 금합니다.
· 이 도서의 국립중앙도서관 출판시도서목록(CIP)은 서지정보유통지원시스템 홈페이지(http://seoji.nl.go.kr)와
국가자료공동목록시스템(http://www.nl.go.kr/kolisnet)에서 이용하실 수 있습니다. (CIP제어번호 : CIP2016012339)

> 다산북스(DASANBOOKS)는 독자 여러분의 책에 관한 아이디어와 원고 투고를 기쁜 마음으로 기다리고 있습니다.
> 책 출간을 원하는 아이디어가 있으신 분은 다산북스 홈페이지 '투고원고'란으로 간단한 개요와 취지, 연락처 등을 보내주세요.
> 머뭇거리지 말고 문을 두드리세요.